博客思出版社

失敗與成功—
心理失敗學

李蜀濤 著

推薦序

這是一本非常值得現役企業家，優先閱讀的經營哲學寶典。

資深媒體人　高泉旺

私房公開　雲手運太極

作者逾半世紀的經營領悟和觀察歷練，無私公開，透過流暢的文字和淺白易懂的文意，逐章提出遭遇的問題，導引私房解決方案，包括從信仰，醫學，商學，哲學，生活倫理，組織氣候與文化，管理意涵，詮釋許多睿智的觀點，讀者最大的獲益，在於萃取企業家對奕過招後，所留下的太極雲手軌跡，以及如何再跨馬揚鞭的陣勢，意境深奧且非常精采。

作者發心　企業家傳薪

特別值得一提的是，書中引援的事件，多為真實的血淚過程，實境情節，事件始末，坊間曾有麟光片羽之追蹤報導，作者在書中，實事求是，刻意略過人與物，僅留述核心關鍵過程，平鋪直敘，未有功過褒貶，無指桑罵槐，且能提出積極因應思考與對策，在報導文學範疇，堪稱極具發心的做法，尤其彰顯企業家傳薪胸懷與永續使命，值得鼓勵和大力推崇。

洪流衝擊　練兵靠秘笈

放眼當下，公司治理着實非易，領軍作戰的將帥，或悉數來自數位新移民；帶槍上陣的俥馬士卒，泰半亦將是數位住民，組織內部，迅即面臨認知，思維，價值觀，溝通方式與技法，極大衝突，經驗歷程重大差異化，這是企業管理學門，百餘年來最大的洪流衝擊，這個過渡期，也許十年或更長，若能有效統整企業文化，心理建設與組織共識，必成經營決勝關鍵所在，這是難以迴避的領導課題，企業練兵需要因勢利導，整合布局，本書確可為幹才晉階秘笈。

正向思維　基本功解圍

管理者可以抽象體悟，觀察經營現象，當轉化成文學作者，則須具象去蕪存菁，致力於帶給讀者智慧的語彙，正向的思維，健康的力量，乃本書最具有價值之處。讀起來不似武俠小說，惟仍期待一氣呵成，一口氣將之完讀，又是魅力之所在，作者曾在風雨中屹立不搖；狂風暴雨下，不屈不饒，全憑仰仗正直，善良，信念，能力，方法，智慧，知識與調適，這是令人最感動與共鳴的焦點。

失敗與成功　掌握手中

【失敗與成功-心理失敗學】全書廿五章，分成兩部，詳細論述因果，作者從經營的方向選材，哲學的觀點切入，描述以真實體驗的筆觸，讀者得以進入堂奧，體悟人性的風雲詭譎，察覺經營險阻與美麗陷阱，探索如何處變不驚與逢凶化吉，閱讀全書的感受，如兩岸猿聲啼不住，輕舟已過萬重山，少了論理教條味，反而更有可讀性。

序言

態度是決定成功的關鍵

社會福利黨主席/臺灣視障協會創辦人

鄭龍水

幾乎大多數的人都渴望成功，害怕甚至討厭失敗。然而，究竟什麼是成功?又，什麼叫失敗?韋氏英文字典（Merriam-Webster）解釋成功的定義是：「取得財富、贏得尊重或聲望」。

然而，赫芬頓郵報的創辦人（Arinna Huffington）則認為：「成功不能只用財力或金錢來衡量，他更進一步提出『幸福、智慧、驚奇及復出』」所謂「第三尺度」的觀點。

現代思想家狄貝克・喬布拉（Deepak Chopra）指出：「成功是幸福持續擴大，以及逐漸實踐有價值的目標…」。而眾所周知的發明家愛迪生（Tomas Edison），對成功的看法則是：成功等同於野心，但需辛苦工作，這和前英國首相邱吉爾（Winston Churchill）的說法很接近：「成功是不停的遭遇失敗，且還保持著熱情，並且堅持不懈…」。

名人名家，對成功的定義，可說不勝枚舉，五花八門，有從個人觀點出發；有從事業經營角度詮譯；也有從現實層面理解，更有些從精神價值方面著眼…，莫衷一是。然而，個人則較贊同認知心理學家馬斯洛（Maslow）的需求觀點：

　　馬斯洛認為人類有五個層次的需求：

第一為生理的需求：亦即維繫人類自身生存的基本需求，包括食、衣、住、行等需求。

第二為安全的需求：包括保障自身安全，免於失業或失去財產，避免職業病等等。

第三為社會的需求：亦即感情方面的需求，包括有愛的需求和歸屬的需求兩方面。

第四為尊重的需求：希望個人能力和成就，得到社會的承認，擁有社會的尊重。

第五是自我實現的需求：亦即個人的理想和抱負得以實踐，並能發揮個人的能力到最大的程度，能完成每一個人和自己能力相稱的事物。

至於「失敗」，其實沒有多少人認真、嚴肅的對它下過定義。個人認為：凡事想做的事情，或希望達到的目標，例如戒煙、戒酒或改掉不好的生活習慣，或學習、事業方面，希望有所突破…，沒有做或沒有做好，或沒有達到原來所設定的目標，就是失敗，換句話說，失敗就是成功的反面，它和成功最大的差別就是，成功很難，而失敗卻很容易。因為成功不但需要有清楚的目標和具體的方法、步驟，更需要堅持和耐力，過程中一不小心或稍有疏忽或無法堅持到底，就可能招來失敗。

例如，某一個學生的成績並不理想，於是他下定決心，希望在一年內讓自己在班上的成績可以擠進前十名，他用功讀書，他做到了，他成功了。

如果他沒有達到所設定的目標，不管什麼理由，就是失敗。

又如，某一個企業希望公司產品的市佔率，可以從５％提升到８％，它進行各種機制和新的策略，如果在預定的時間達成了，它就是成功，如果沒有就是失敗……。

其實，失敗不但不可怕，反而可以幫助我們成功，對於每一個人而言，都是珍貴的資產。

一個人或某件事，因為歷經多次的失敗，反而更可以知道如何避免失敗，朝向成功。

小到一支手機，到那麼龐大複雜的航空探測器，必須結合無數專業的團隊，經過長久的研發、測試，期間可能需要三年、五年，甚至十年、二十年、三十年等等，或更長的時間，且要克服、歷經無數的瓶頸和失敗，才能達到現在的樣貌和成就。諸如此類的例子，實在不勝枚舉。聰明的讀者們，一定不難發現。

成功真的那麼難嗎？其實也不盡然。一般人之所以認為成功很難，是他們把成功神聖化、偉大化、事業化和成就化，讓我們一聽到「成功」兩字，就覺得難上加難，遙不可及。不過從上面的敘述，讀者不難理解，個人對於成功的看法。成功可以是一個人蓋棺論定的結果，如剛剛過世的新加坡總理李光耀，新加坡人民或世界對他的評價，也可以是某人在單一領域的表現，如運動、美術、戲劇或事業等方面的成就，也可以是個人在特定階段的成果，如考上理想的大學，或獲得自己渴望的獎學金，也可以是個人生活習慣的改變，甚至是成功的舉辦一場轟趴……。

例如，我們常聽：某某人做人成功，也就是他在與人相處方面是「成功」的，又如，某人飽受病魔纏身之苦，但他經過各種努力和處置，終於戰勝病魔，痊癒康復，我們會說他「成功的克服病魔」，又，當我們發現某些企業家，把他的事業經營的蒸蒸日上，甚至達到頂峰，我們會說他是個「成功的企業家」，又，美國，俄羅斯，中國大陸，發射火箭或航空探測器成功，我們會說「成功的發射」，或「成功登陸」……。

然而，究竟要怎麼做，才能成功？以下提供個人淺薄的經驗，供讀者們參考：

一、瞭解自我，尋求專業的養成，幫自己發展潛能。這一點非常重要，如果你連自己是什麼樣特質的人，你喜好些什麼；不喜好些什麼……？或者有什麼優點、缺點，都弄不清楚，你要擁有清楚的目標，就十分的困難，即使有也不見得適合你自己。

二、設定清楚的目標，並將它化為具體的執行步驟，循序漸進切記不要好高騖遠。如果我們想要攀登玉山、雪山、南湖大山等這類的高山，就得先練練自己的體力和腳程，且要從一些難度較低，海拔也沒那麼高的山先爬起。

三、尋求經驗導師或相關專業知識的支持，不要冒然從事。既然想要登山，就先得了解山形、天候、路徑，以及更多更多專業的知識，我們可從書籍獲得專業的訊息或知識，最好的是找到登山老手，帶領或傳授相關經驗。

四、持之以恆的態度，不要中途放棄，攀登南湖大山等這類難度極高的大山，需要有充足的體力和耐力，這些都需靠平時不斷的、持之以恆的鍛練，如這些基本功沒做好，攀登南湖等大山很可能就是個災難。

登山如此，學習如此，創業或經營事業也不例外。

此外，本書所一而再，再而三強調的態度—態度是其中成功、失敗的重要關鍵。

本書是作者李蜀濤先生窮極數十年生活與工作經驗的結晶，每一字每一句都是作者刻骨銘心的經驗和提醒，更是肺腑之言，充滿著作者的真誠。尤其書名用「失敗與成功」，而非傳統型的「成功與失敗」，乃在強調失敗是成功的先決條件，每一個人的一生當中，無論在任何層面，都須經無數次失敗的萃鍊才能獲致成功。而一件事情的成功，也絕非是永遠的，它往往因為一些原因，又導向失敗，態度是其中成功的關鍵。作者在序言提到：「失敗有時候是伴隨成功而來，成功之際，自覺英明，躊躇滿志，得意忘形……」。

「性格決定一生，性格決定成敗」……。因此，性格和態度是本書的核心，而正如在本書最後一章標題為「反省/懺悔」一樣，作者認為沒有一個人性格是絕對完美的，也沒有絕對正確的態度，必須因時、因地、因外部或內部的條件或環境，做調整才能避免失敗。

在態度方面，作者強調：我們都應為成功找方法，但不能為失敗找理由，更是發人深醒。

每一個人所走的路都不一樣，當然結局也各不相同，有些人平步青雲，扶搖直上，有些人則辛苦奮鬥，就為了維持家計和三餐。但，無論是達官貴人，素民百姓，或販夫走卒，不論是小學生或七旬老翁，都可以有自己的夢想，都應該懷抱希望並堅持到底，直到成功。

讀完本書，個人除受益良多外，對作者的用心與真誠更是感佩。本書非常值得讀者再三閱讀，細細咀嚼，

祝福

所有讀者們　心想事成！

2015年7月22日

自序

失敗與成功──心理失敗學

失敗總是不愉快的經驗，甚至令人討厭，常被負面眼光看待避而不談。但失敗有時候是伴著成功而來，成功之際，自覺英明，躊躇滿志，得意忘形，堅持自我原則不知妥協，陷入「無明」，冥冥中種下失敗禍果。以自我為中心，堅持己見，身處險境不知畏懼，對逆耳忠言，聽而不聞，只有在事態嚴重之際，才會回頭反思！

失敗或成功，關鍵都在「人」，做對事必先找對人，人不對什麼事都不對，而要命的是這個「人」往往竟然是自己，人本要有自知之明，但大多數人眼裏盡是別人，而看不到自己，忽略了每個人擁有獨一無二的「性格」特質。性格決定一生，性格也決定成敗，有些人成功之後步向失敗，有些人失敗後浴火重生再振作起來，基本因素就是「性格」。

有人以「一路走來始終如一」做為座右銘，如一生庸庸祿祿，平淡無奇，始終如一也乏善可陳，如發奮努力向上，個人地位及擁有社會資源必隨著累進。尤其在十倍速時代，環境在變，生態在變，處境在變，身負責任在變，所握權力在變，面臨競爭及挑戰在變，本身能力是否已超出原本範圍，如堅持始終如一的性格，不知調整，豈不是自我設限，甚至形同自閉，身負重責又握有決策權力者，不得不慎。

性格所產生固執，會侷限一個人的視野及思維，與教育程度高低無關，往往受教育程度愈高之社會精英，因慣性思考，對庶民生活無法體驗身受，行事風格以自我意識為中心，與現實脫節，常用直覺行事，堅持自己的思維，對面臨風暴警訊，也動搖不了既設立場，甚至痛過就忘了，習性依舊，只有在生命交關之際，才會徹底反省覺悟，但已造成一場難以彌補的浩劫！

人生不缺挫折，缺乏毅力及恆心，在風雨中要急忙躲避，還是匆忙奔跑？卻有人泰然自若，冒雨徐行，當雨過天晴，境遇絕不相同，誠如培根（Francis Bacon）所言「一切幸福，都絕非沒有憂慮和煩惱，而一切逆境也絕非沒有慰藉與希望」「幸福需要節制，逆境需要堅韌」，如能將歷盡滄桑痛苦代價，當做冶煉，將困難折磨形成適應風雨的能力，就能在墜落深淵一剎那，將自己拉回，翻過危崖險峻，走回平坦大道。

本書分兩部，第一部失敗與成功，以真實體驗，從心理實務分析成敗關鍵在人，因成也性格，敗也性格，性格所形成的行事作風，往往決定事的成敗，做為借鏡。第二部浴火重生，要從失敗谷底爬出來，起心動念，不能有「恨」，凡事「忍」字當頭，要用懺悔反思的心，以「改變」的力量才能找出重生之路，提供思路，心理失敗學而不叫失敗心理學。主要內容如同歷險生還的雜記，通俗但非科學化的概念，如同內心世界的告白，以入戲心境，片片斷斷，只求真實，希望能引起共鳴，並獻給這段時間安慰並支持我的家人及親朋好友，筆拙才疏，見識疏淺之處，期盼各方賢達，不吝指教。

目錄

第二部　浴火重生

第一部
失敗與性格

前言

失敗與成功常在一念之間、一線之間、一瞬之間，失敗為成功之母，成功有時也成了失敗之母，一旦失敗跌落谷底，只要了悟人身難得，努力維持身心健全，保住元神，痛定思痛，自我反思，坦然面對事實，浴火重生邁向另一條成功之路。

成功後如不能戒慎恐懼，享受成果，得意忘形，榮耀與光環遮蓋一切，危機當前視而不見，聽而不聞，當事態嚴重到不可收拾，悔之晚矣！失敗絕對事出有因，不能全怪命運作祟，成功有成功充分必要條件，絕非只靠運氣。

一般人在失敗之際，難免會怨天尤人，但午夜夢迴靜心反省，會猛然覺醒，一切咎由自取，不知自陷妄想執著，失敗景像，觸目所及風雲變色，原有自信消失無蹤，原有形象一夕間蕩然無存，悔恨交加百感交集，生命變得毫無存在價值，意志如風中殘燭，脆弱不堪。但可能禍及親人、朋友及無辜，絕不能燈熄火滅，必須以無可迴避的責任感及勇氣去面對問題，平心靜氣尋求解決之道，以懺悔的心去彌補傷痛，降低損害，忍受所有的污衊，承受無情的抨擊。

談失敗並非喪志，雖然失敗不是一件光榮的事，但代價卻非常珍貴，如同登山，你標示「此路不通」是因為曾經走過回頭路，舉手之勞，可防許多人重蹈覆轍。成功者畢竟是少數，失敗者散落在各個角落，有恨天下之大竟無立足之地者，有默默沉寂求生者，甚者草草了此殘生留下遺憾者。

我們讚頌成功者，也要警惕成事不易要避開失敗，更要鼓勵關懷失敗的一群，不但能促進祥和，如能東山再起，是社會可貴的再生資源。無論現在正處成功的顛峰，意氣風發不可一世，雖聰明絕頂也要自我警惕，成功只是暫時沒失敗，一夕間一切所有也可能灰飛煙滅，或正遭受挫敗，灰心喪志，甚至走頭無路，認定失敗即暫時沒成功，面對問題，保存自我，天無絕人之路，一切總會過去的，另尋機會重新振作站起來，如浴火鳳凰，人生更彌足珍貴。

第一章　失敗與成功

成功的典範及案例，是鼓勵學習向上最佳範本，我們可學習它的精神及成功的歷程，能效法也能模仿卻很難複製，因時空不同，大環境也不同，還有很難複製的性格特質，這種特質才是造就不平凡一生最根本的因素。我們可以對照來調整自我，修正自我，如能抓住社會脈動，就有機會創出另一片天。如只想模仿，只能參考別人成功的歷程，自我修正性格的缺陷，但不能放棄自我，否則迷失比墮落更可怕，只能效法其精神及毅力，而不能仿製其行事風格及方法。

失敗的案例一般都認為不值得一談，甚至令人討厭，避而遠之，對失敗的感受，有兩種類型：失敗的觀察者及失敗體驗者。失敗觀察者將失敗原因分析解剖找出原因，成為日後進步及成功的基石。我們所說的經驗，絕大部份都是一堆失敗錯誤所累積的教訓，有部份代價昂貴，非常珍貴。

失敗體驗者，將身陷灰色角落刻骨銘心的心路歷程，可供一般人警惕，及身受挫敗心有不干想東山再起者借鏡，社會光明面與黑暗面，非常容易分辨，但實際存在的灰色面，卻充滿了無奈、懊悔、困惑、迷惘，甚至痛楚。人在得意時，神清氣爽平步青雲，事事相得益彰形成良性循環，但挫敗時則思路混亂，處處碰壁，禍不單行，成了惡性循環。必須跳脫困境走出陰霾，才能撥雲見日，重整信心。

在一片愁雲慘霧中，切忌心浮氣躁，要體認人生原本曲折坎坷，荊棘滿佈，必須渡過一切苦厄。人生如戲，挫敗只不過是在扮演負面角色而已，只要心平靜下來，心境能夠靈靜，挫折就成了人生跳躍的音符，就能理出頭緒，找出解決問題辦法。

但靜下心講來容易，對當事者卻是最難克服的事，挫敗所引發一連串後遺症，幾乎都是原先意料不到，而且毫無經驗能應付的問題。疲於奔命之際，那能有片刻平靜，如同落水狗，拼命找機會找空隙想爬上岸，還要躲避無情的攻擊，悔恨夾雜無奈，只能不顧一切只求保命，現實社會中，藉由打落水狗可看出人性複雜性及殘酷面，但也有善良的一面。但一旦上岸，就必須迅速逃離現場，先找一暫時可喘息的空間，平靜下來走下一步，遭逢危機三十六計走為上策，其含義深奧，令人深省。

成敗在一念之間，在熙熙攘攘人生舞台上，只有少數人能準確拿捏應扮演的角色，找到自我，平步青雲，大部份人仍在奔波翻滾，煩惱纏身，靜心思索，我們這些凡夫俗子到底在追尋什麼？人非聖賢，芸芸眾生在物競天擇環境中，優勝劣敗本屬自然，何謂成敗？如何才能成功，如何避免失敗，成功後如何避免失敗，失敗後如何重生再成功。以時間空間來看，自古以來，一個族群

遭逢危機

三十六計走為上策，

其含義深奧，令人深省

的成長與消失，一個朝代的興衰，個體生命的起伏，如今一個政權的交替，一個企業的成敗，個人生命的生涯規劃與預期的落差，成敗總是相隨的，多少成功後，不知不覺已種下失敗的禍根，多少失敗的教訓，成了成功最珍貴的資源，成敗如同洶湧的波濤，一起是一落的開始，一落是另一起的基本能量，因此，成功只是暫時沒失敗，失敗即暫時沒成功，對成功者而言，並非看衰，而是一種警惕。對失敗者而言，卻是一種無形的激勵，成功後失敗，比一事無成更淒慘，這種短暫的成功如同迴光返照，是危險的前兆，絕對不能欣喜，要更警惕才能在成功之際更上一層樓。

失敗後重新振作，如浴火鳳凰，更為珍貴，我們所有的教育，都是教導如何成功，如何避免失敗，這是一種社會光明面的揭露，光明面背後的黑暗面很少人觸碰。其實許多成功的典範，部份歷程都是不堪入目的，只因為成功而被掩蓋，留下可歌頌的部份，只能事過境遷，接受歷史的檢驗，當功過相抵後，才能評斷真正價值，當一個君主成功後殘殺功臣以建立王朝的威望及基業，為奪取大位弒兄逼父者卻建立大唐盛世，當一將功成萬骨枯，產生多少無名冤魂，踏著別人鮮血前進，蘊含多少代價及社會成本，多少曾立志要成功者，卻成了路邊無名的枯骨。因此成功固然是社會正面力量，失敗不管是個人或他人，都是成功看不見的基石。

成功者如無機緣、運氣及性格，其知識能力未必比失敗者更好，我們鼓勵人成功，可能更要誘導人不要陷入失敗，或如何從失敗中走出來，將失敗視為常識，成功者亦要時時警惕，如履薄冰，步步為營，失敗者不必氣餒，只要活著就有希望，終有走出陰霾的一刻。

要建立事半功倍偉業，絕不能慈悲善良，但也絕不能凶殘陰險，捨己為人既然已經犧牲，頂多成全他人，如何能成就一番事業，因根本輪不到你，對某些人而言，你只是他向上攀爬的一個墊腳石。當然生性凶狠，也不可能令人景仰追隨。

因此我們對自己的性格，必須有自知之明，因這是生涯規劃的根本依據，許多人庸庸碌碌，跌跌撞撞一生，鬱鬱不得志，有些人一帆風順，平步青雲，性格佔了很大因素。

昨日的成功經驗，未必能複製，保證明日也能成功，十倍速時代，技術、方法日新月異，科技不斷創新，生態無形中已改變，昨日的經驗，可能已成為陳年老套，僅能打入歷史，妥善保存留給後人作為典範，已不具實用價值。

尤其在數位化資訊時代，一個新世代技術突破，即代表舊世代進入衰退或結束，如掌握社會脈動，一個新的社會氛圍成形，即代表一個新的社會價值觀產生，整個生態即進入全新體系時代，一切原有的堅持，變得毫無意義。

古往今來，依一般社會觀感，對成功與失敗的評價及論斷是懸殊的，是兩極的，甚至代表大是大非，光明與黑暗，成功當然固守中道，成就輝煌璀璨，失敗很可能被認定離經叛道，行徑墮落齷齪，尤其受「正義」之鄙視，深惡痛絕，任何理由均認為狡辯，並義憤填膺去打落水狗，這是人性，對一挫敗者，必須百般無奈去承受，體認及領悟，人生曲折坎坷，荊棘滿佈，那有永遠的一帆風順，成敗如同人生跳耀的音符，因為接受，才能因勢力導，化尷尬為神奇，渡過難關。

性格決定成敗，性格也決定一生的成就，而性格的形成，有先天的基因，也加上有後天的環境養成，很難模仿也很難複製。一旦性格形成，很難改變，性格左右你的思維，無形中控制你的行為，無影無形，難以捉摸，有些性格在言談舉止之間流露無遺，坦率自然，加上才華，是為英才，有些性格平時隱藏不露，在關鍵時刻，才會展現令人刮目相看，如亦具才華，是為陰才，常令對手措手不及，這兩種性格者都容易成為領導者。前者令人沒有戒心樂意追隨，後者令人心生畏懼，為現實或環境所迫，明哲保身不得不追隨，無論英才或陰才都是英雄造時勢者。

而另類領袖卻屬於時勢造的英雄，令人捉摸不定，常常令追隨者期望落差非常大，行為舉止，親痛仇快，而自我毫無警惕，甚至毫無感覺，聽不進忠告，也看不清事實，成了不折不扣麻煩製造者。因時勢造英雄多半風雲際會，闖出一片天，能適可而止，見好就收，是段佳話，但因人的慾望沒有止境，在眾星拱月下，往往超出自己的能力極限，結果與期望的落差，成了所托非人，對追隨者造成災難。

而性格所形成固執，常令成功與失敗在一念之間，只要聽到：「我原以為……」、「我原認為……」、「我原相信……」、「絕不可能……」、「以我的經驗……」、「怎麼會這樣……」、「匪夷所思……」，都是結果與願違。其實千金難買早知道之事，事實上都是有跡可循，只要想到人為財死，鳥為食亡，大多上了慾望的圈套，中了貪念的陷阱，人的「無明」其實多半被「自以為是」自我矇騙，一旦中箭落馬，只是替自己找一個別人相信的理由，毫無意義。

第二章 性格/自我陷阱

一個人失敗或成功，除了能力、機會、運氣外，還有一個重要因素，個人性格特質，性格是何物？也許一生也參不透，但至少要了解有這麼一個東西，「性格是人生的主宰」也許你不一定同意，「性格能成就一個人，也能摧毀一個人」，除非親身經歷或在人生浪濤中翻滾過，你可能無法感同身受。但「性格決定命運」，你就不能輕忽，否則數千年來古今中外不會有許許多多哲學家、科學家及心理學家費心去分析了解「性格」，西方人用黃道附近十二個星座，依序為白羊座、金牛座、雙子座、巨蟹座、獅子座、處女座、天秤座、天蠍座、射手座、摩羯座、水瓶座、雙魚座，十二星座代表十二種基本性格特質，以神話方式分析在不同月份出生的人，先天性格及後天行為模式。

1902年奧地利維也納大學細菌學家卡爾・蘭德施泰納，發現了血型，1930年獲諾貝爾生理學及醫學獎，血型是人類的一種遺傳標誌，血液紅血球表面具有不同的特質，分為A型、B型、O型及AB型四種基本類型，依統計分析不同血型的人具有不同的性格特質，也可以了解不同民族的人因血型的關係具有不同的文化特質，了解自己的血型特質，可了解自我的性格及天賦，對生活及工作都有很大的助益。

也有許多科學家運用統計學，發現人的性格與顏色有著奇妙的相關，由對顏色的偏愛，也可分析判斷其性格特質及行事風格。

將顏色大類分成紅、橙、黃、綠、藍、紫、白、黑、灰，褐等十種，可分析了解性格與色彩的關係。

也有科學家將性格嘗試典型化，分成完美型、給予型、實幹型、感覺型、觀察型、懷疑型、享樂型、領袖型及和平型等九大類，將複雜及多重性的性格分析其行為模式。

中國醫學黃帝內經中依據陰陽五行之說，將人的心理上及生理特徵相連接，歸納出金、木、水、火、土五種不同性格特質。

如金型人：為人清白廉潔，但性情急躁剛強，做事嚴肅果斷，堅定不屈。

木型人：有才能，多憂慮，勤勞不懈。

水型人：天性無所畏懼，但不夠廉潔。

火型人：性急缺乏信心，較多慮，重外表，但態度真實樸實。

土型人：內心安定，樂於助人，愛結交朋友，對人誠懇忠厚。

此種歸納幾乎是人類最早應用的統計學分析性格，又與面貌及體型相結合，數千年來已成為固有文化，對中國人生活及價值有深遠影響。

何謂性格（Personality），心理學家定義為「個體在行為、思想、情緒的特

依據陰陽五行之說，
將人的心理上及
生理特徵相連接，
歸納出金、木、水、火、土
五種不同性格特質。

徵模式」，人格特質受先天基因和性別等生物因素影響，受物理環境如生活環境、氣溫、空間、空氣和水質等影響，也受社會環境包含家庭、社會、教育、語言、飲食、生活習俗、信仰價值等文化影響，亦受先天後天交互影響，形成所有個人「獨特的」行動，思考及感覺方式總合，基本上沒有兩個完全一樣的人，每個人都「與眾不同」。

因此個人的性格是由所有相對不變的心理特質組成，而且這些特質是此人專有，每個人獨特行動、思考及感覺模式，都是獨一無二的，沒有任何人心理特質組合跟他人完全相同。

而性格一詞是由拉丁文（Persona）或面具"Mask"演變而來，許多性格理論指出，個人在不同的情境是以行為技巧展露，如同帶了面具，而其真實的意圖及目的才是「真我」而非假面。因此個人的思考及感覺模式去度量他人的思維及行為，或以他人表現信以為真，是一廂情願或不切實際的想法，如此「將心比心」的作為成了自我陷阱，儘管你具備不錯的能力，亦逢時機又有運氣，卻在緊要關鍵功虧一簣，性格決定了你的成敗也左右你的命運！

性格的形成如此多面，非常難以捉摸，它幾乎是一種感覺，一旦自我感覺很好，對週遭及他人的感受不容易領會，除了自我覺悟改變，他人很難扭轉。儘管瞭解良藥苦口，忠言逆耳，縱然接受只是一時，甚至是妥協，事過境遷，又會回到原點，這就是個性，個性是原始的本性，展現的行為模式就是性格。

因此性格所展現的性向、興趣、愛好、理想形成多元化的人生，在不同的行業中展現。因此在相同的行業中，因性格不同，會形成不同的行事風格，展現不同的思想及行為模式，對社會發展造成正負兩種不同的影響。

但如陰錯陽差，擺錯位置，性格與行業格格不入，自我認知及習慣與周圍環境形成極大落差，自我痛苦還好，如自我感覺很好，對周圍影響就大了。性格柔弱者，僅遭週遭排擠，但性格固執，甚至是領導人物，則是一場災難，權力愈大，災難也就愈大。

因此這種只有旁觀者才容易觀察得到的性格，會形成自我陷阱。因人會成長，社會也會進步，尤其當地位逐步提升，權力加大，周遭的環境及生態也隨著改變，面對問題也愈加複雜。因此「一路走來，始終如一」的堅持就必須修正，只有一顆赤子之心始終如一，而言行舉止應對進退及解決問題的方法，就必須隨著自己所處的位置、環境及生態而改變。這是非常粗淺的觀念，但弔詭的是，大多數人無法自省，依然故我，自己成了自己的麻煩製造者，掉進自我陷阱，爬不出來，尤其外柔內剛者更嚴重。

試想一個創業者，初期規模小，掃地兼敲鐘什麼都做，一旦規模成長，仍然事必躬親，雖然建立制度，卻無法授權處理問題，抹殺組織成員的才華，自己成了解決問題的瓶頸，成了救火隊員，疲於奔命，無暇思考未來，也無法洞察風險，一個錯誤的訊息，一個錯誤的決定，整個組織就崩潰瓦解。

一個好的老師，對學子有教無類，諄諄教誨，樂此不疲，令人感佩。一旦成了領導者，遇到問題，不改初衷，仍然親自說明溝通，表面上好像勇於面對，但忘了每個人因信仰所形成的性格，因不同生活層次及環境所形成的性格，信者恆信，不信者恆不信。也忘了改變自己容易，改變別人困難，自己都不改變怎能改變他人，尤其因立場不同，位置不同，一個問題不僅只有兩面，而是多面，自己堅持的一面，不同面的人很難贊同。同時主帥親征，不但毫無迴旋空間，也無法探到虛實，很難臨場反應，一旦節外生枝，反而成了箭靶，不但把問題弄的更複雜，自己也成了麻煩製造者。

隔行如隔山，其實除了專業知識，因慣性思考所形成的性格才是關鍵，因專業知識可學習成為第一專長、第二專長，甚至更多領域。但性格不改，人生如舞台，你拿錯劇本上台，別人如何與你搭配，更別忘了，台下還有更多的觀眾，情何以堪，如何下台。

慣性思考會令人目光如豆，如井觀天，而且愈專業愈嚴重，因對專業的自信，所看所做所想，全部思考都專注在自我擁有的技巧上。只求自我展現，自認只要努力就能得到認同及肯定，不在意週遭範圍的變化及他人的忍受，表面看來好像是擇善固執，實際上如同不食人間煙火。

這種全神貫注的行事風格，往往會令人在專業上登峰造極，但如為領導者，所有思維都集中在固定目標上，忘了不只是自己而已，還有一群人要領導，大環境隨時在變化，必須隨時調整才能抓住社會脈動，尋求眾人的利益而不是自己的喜好。因專業產生的慣性思考，阻礙視野的寬度，阻塞思考判斷的廣度，當機會來臨，因看不見也想不通，不知把握。當人心思變或產品生命結束，整個組織自然走入一個死胡同，甚至歷史，因過於專注，當大環境變化遇到風險，往往無法預測，也無法因應及迴避，造成無法彌補的災難，事後檢討，於事無補。

當慣性思考成了個人信念，則形成個人的信仰，做事準則，甚至一生追尋及奮鬥的方向。如從事與個人志業相關的工作，心懷悲憫從事宗教或慈善工作，自無庸質疑。如置身商場或從事政治工作，又是一位領導者，就必須兼顧自己的位置、所處的環境及應扮演的角色。如一切言行舉止及思考判斷，仍以個人信念為準繩為依歸，只想看自己想看的，聽自己想聽的，說自己想說的，做自己想做的，用一切邏輯去合理化自己近乎理想的言行，而忽視問題的多面性及人性的善惡的面向。在不同角度及不同性格人看來，如同人格分裂，不但不能解決問題，更容易模糊焦點。不同性格，如同理性的第三人，因體驗不同，認知不同，無法相互感同身受，針對問題，一旦有不同看法，就無法找到妥協的支撐點。

我們冷眼觀看周遭，也用鏡子觀看自己就會深深感受性格真的決定一切，決定成敗，包括自己甚至整個團體。人生如戲，如何扮演個人角色，只有個人認知。如同做一項工作，擔任這個職位，手中握有權力的人叫做「我」，你就會放下執著，忠於劇本，努力扮演應該展現的角色。不論個人好惡，一定要揣摩了解劇情原意，去貼近觀眾，追求大多數人的期待及符合他們最大的利益，不在意少數人的批評，抱著有則改之，無則勉之的心境，必要之善，必要之惡，都挺身而為，當劇終或告一段落，謝幕下台，回歸自己，恢復本色。

但如果是「我」在做這項工作，擔任這個職位，手中握有這個權力，無論是風雲際會或他人提拔或民意的期望，自我性格會流露展現。

自視清高者，好惡分明，行事以慣性思考為依歸，堅守自我認定的原則，孤芳自賞，形同潔癖。一旦面臨惡性纏鬥，為避免污穢上身，左閃右躲，狼狽不堪，又因水清無魚，身邊既無雨露均霑知恩圖報之士，也無同流合污之徒，危難時刻，不是各自明哲保身，就是成了觀眾，孤立無援自身成了無助的匹夫。

有企圖心及野心者，則是機會到手，所有的資源及權力成了實現個人理想的工具。站在制高點，一切行為假借名義而行，成群結黨，利用群眾盲目的特質，刻意去煽動心靈敏感的神經，製造矛盾，利用衝突及對立，達到自我目的。

有潛在人格缺陷者，無形中成了他彌補的機會，儘管他實質用的不多，但需求卻永無止境，運用權力，搜括財物，貪得無厭，玩弄權勢，自傲形成的自大狂，行事任所欲為，所有遊戲規則制度，都約束不了。對個人而言，得意忘形，不知如何收場，對團體而言，則是一場難以彌補的災難。

除非經過長期培養及淬煉，身性已達心隨境轉的境界，否則性格會令人角色錯亂。如技術人跳進商界，不重視利潤是唯一生存及成長的依據，還堅持技術掛帥，定為經營指導方針，以為一股傻勁全力投入，絕對有所成果，但忽略商業競爭技巧，往往成了義工。如財務出了狀況，所有心血結晶只有睜眼讓人收割，除了個人折損外，基本上對社會所造成之損失不大。

但如果一個商人從政，除非事先做切割的承諾，與利益脫鈎，否則一旦掌權，習性不改，以直銷型態如同上下限關係，利益分享，形成一利益共同體，待事態不可收拾，坐轎想下轎，抬轎卻不肯，我們無法想像會生什麼樣結局。

能成為學者，絕對會讀書，但不一定會做事，充滿理想，愈學愈專，是社會發展突破的基礎，能被人所尊敬，但不能被崇拜，否則也會形成災難。有些學者從商，自視崇高，與商場生態脫序，無法洞悉爾虞我詐的思維，視貪婪為罪大惡極，無法認同貪婪是加速累積財富最大動力，不屑無商不奸的行徑，不了解害人之心不可有，但防人之心絕對不可無，往往成了策略的犧牲者。如還抱著出污泥而不染的天真，當了妓女卻不脫褲子，令人哭笑不得。

因學者被人崇拜，任何時代都容易學而優則士，專制時代，只要聽命君主，民主時代就必須貼近民意，了解民之所欲，民之所苦，必須彎下腰，眼向下看。如學者性格不調整，只喜歡與同質性高的階層共處，與具有相同語言相同文化的共事，形成孤立的精英群體，又不喜歡應酬，甚至討厭交際，如同不食人間煙火，埋頭苦幹，認為人在做天在看，公道自在人心。但忽略公道是因人而異，甚至隨利害關係、政治立場及宗教信仰而有所不同。士農工商，三教九流，各行各業都有不同的需求與目的，那能做到十全十美，一旦稍有偏差，如同考試，答對九十九題，只有一題答錯，如有人跳出來問，為何這麼簡單的題目會答錯，學者性格會展露無遺，不但不會為自己辯護反而會自責內疚，陷入陷阱不知所措，比考零分甚至不交考卷者更狼狽。

因此性格只能讓人存在於熟悉的環境中，只要環境改變，如同遺傳基因少了某一個染色體，因在不同環境有不同生態，除非融入，否則參一輩子也參不透，要入境隨俗，不能堅持以往的自我，否則與周圍格格不入，此時不自我調整，待劫後餘生代價就太大了。

第三章　精狠準/自知之明

精狠準的性格雖然是通俗的概念，但絕對影響成敗關鍵之一。

精的真實定義：戒慎恐懼，心中有所畏懼，深思熟慮，小心謹慎。

狠則顯現魄力，表面膽小柔弱，其實意志堅定勇於不敢，承受常人無法接受的犧牲，擔負常人無法忍受的傷痛，做一個沒有過去的人。

準則眼光深遠，具一切已承受失敗能力為評估成敗依據。

不知 ／ 不懂 ／ 不會精狠準如同無自知之明，人生雖然際遇不同，但或多或少都會遇到千載難逢的機遇，有些人能及時掌握，有些人不知不覺中任憑流逝，這些機會是不會重覆的，能掌握者魚躍龍門，失握者後悔一生。有些人說機會是留給準備好的人，但人生不必擔心懷才不遇，可悲的是遇而無才，才華未必是學識，而是你的眼光與格局，有些人學識豐富，也因成了知識障，格局反而更小。而性格又決定才華的優劣，當然學識豐富又有雄才大略的格局是上上之選，但如能整合週邊資源，借力使力一樣能功德圓滿。

性格所形成的格局，在於是否有自知之明，過於萎縮或不知天高地厚都不能成大器，萎縮者老是慢半拍，令機會在眼前流失，不知天高地厚者，不自量力又不懂整合資源與人分享，利慾薰心，弄得功虧一簣，得不償失。性格所形成的面相，往往當局者迷旁觀者清，儘管深知忠言逆耳，但因我執之故，在行事過程中，能改變的往往不多，任憑苦口婆心依然自以為是，畢竟要自我改變都不容易，何況嘗試去改變他人。

在物競天擇的競爭環境及生態之中，精狠準是生存的基本功，所有生物亦然，如對事理瞭解不夠透徹，動作又遲緩，方法或方向不對，一切枉然，性格無精狠準基本特質者，不能也不應在現實殘酷及競爭激烈的環境中爭鬥，因與生態格格不入，形同異類，行爲舉止自以爲是，不但令人不解，有時一番善意反而遭人猜測，誤解，自認清高，不但不會讓人認同，反會認爲矯情虛偽做作，如不謹慎，更可能遭到污衊，儘管自認為盡本分，最終還是成了悲劇的扮演者。一個成功者，絕對有精狠準性格特質，一旦建立威信，反而令追隨者心儀及尊敬，否則會造成自己、家人、跟隨者災難。

不要誤會精狠準都是事事逼對方束手或置對方於死地，其實是待人處事的基本觀念及做法。

精者精明幹練，高瞻遠矚，精明者絕不糊塗，狠者思想動作敏捷，該出手就出手，絕不猶豫，否則在瞬間即痛失良機，千萬不能與謙讓混爲一談，因功德要自己做，絕不能拱手讓人。

準者規劃周詳，思緒清晰，方向正確，用對的人作對的事，才不致一錯再錯，浪費時間及成本，無論在位者或做生涯規劃者，一定要有自知之明，成功決不能靠運氣或福份，因運氣會轉變，福分也會享盡，一定要靠實力，精狠準是實力根源，實力是一步一腳印走出來，一磚一瓦建立起來的。

逐步累積的實力建立後，如無精狠準性格的特質，無法聚集足夠能量，反而種下毀亡的禍根，歷史人物「力拔山兮氣蓋世」的項羽，無論個人及擁有實力遠遠超過劉邦，在鴻門宴，已成甕中之鱉的劉邦，如項羽具精狠準性格，兵不厭詐，狠下手，歷史就改寫了，可惜愛惜人才，放虎歸山，垓下敗戰，在烏江旁「愧見江東父老」時，劉邦會給機會讓他東山再起嗎?當挫敗之際，一切能量化為烏有，空有一身本事，剩下一堆悔恨，連鍾愛都一起陪葬斷送，劉邦卻具有精狠準的性格，不會在意批評或指責，不但聚積能量得天下，為了建立威信樹立綱紀，避免功高震主，引起內部動亂，而藉故殺了功臣，建立中國第一個漢朝盛世，後人說劉邦毒辣未必公平。如清初為了安撫功臣成立三藩，後與朝廷抗拒又出兵平藩，死了更多生靈，可見劉邦只是做了必要之惡，談到漢唐盛世之貞觀之治，唐太宗李世民就是具有精狠準的性格，他屢立戰功，兵權在握精明過人，啟用李建成之忠臣魏徵更是高明。看清隋由盛到衰過程，必須重視法治，逐建立了唐律，中國唐代成為當時亞洲甚至世界政經文化中心，準的令人折服，當今台面上許多成功者，我們僅讚佩其卓著的貢獻及成就，尤其在功成名就累積了巨大的社會資源後，又能回饋社會，更令人尊敬，我們很少甚至不必要去瞭解或探討其奮鬥的過程，縱然巧取豪奪不擇手段，但成王敗寇，成敗論英雄。

失敗者為何失敗，如能自省，必不會怨天尤人，在殘酷的競爭生態中，要成長又要趨吉避凶，一定要有自知之明，否則一腳踏空絕非宿命，原因必定是自己不夠謹慎，缺乏成功人格特質，如要重新爬起來，突破困難，如同植物的根遇到阻礙，重新找空隙或改變方向，才能找到生存的水分，用堅強的意志力去重新凝聚基本力量，反思挫敗的原因是否站錯位置，用錯方法，弄錯方向，不能固執才能重生。

精狠準原本通俗，為老生常談，且放諸四海皆準，只是自視清高者，視而不見，聽而不聞，試想士農工商，三教九流甚至人在江湖，怎能不沾鍋，在當今社會，甚至古往今來，除非碌碌庸才，都要有精狠準自知之明，才能有一席之地，也不能以簡單黑白去評論是非曲直，要分辨的只有真假虛實，成功者意氣風發，看到的只有社會光明面，挫敗者如同陰陽眼才能看到人性不同面像，真真假假，虛虛實實，表裡不一，白天晚上不一樣，如同京劇臉譜，曹操白面心黑，包公面黑心白。

現實社會中，有些人戴者忠厚慈祥的面具，打著誠信的旗幟，穿著禮教外紗，滿口仁義道德，實際上心狠手辣，為達目的不擇手段，揭開其面紗，不堪入目，一般不明究理，歸類這般人屬於白道，有些人在江湖，表面兇狠，但堅持原則，一言九鼎，講義氣，不欺弱小，是非分明，難道這叫做黑道？有些人面善心惡，有些人面惡心善，不一定相由心生，有些人說話尖酸刻薄，但刀子口、豆腐心，有些人甜言蜜語，骨子裡機關算盡，內藏禍心。

因此要有自之知明，自我瞭解具有什麼樣的人格特質，如果認為精狠準為雕蟲小技，不屑一顧或認為人不必活得如此艱辛複雜，你就不適合肩負重任手握權力，尤其在殘酷的競爭中，你自認清高如同孤芳自賞，卻是別人的夢魘，甚至災難，試想兩軍對恃，主帥不具精狠準的特質，當兵敗如山倒，血流遍野之際，不但自己命喪，而跟隨者成了含怨的冤魂。

利害衝突，雙方為特定目的爭鬥時，只有比誰更狠更準，獲勝者才有權力收割，敗者一無所有，甚至成王敗寇，不具精狠準者不能玩這種遊戲。

現實社會中因清高者受人景仰器重，而成為社會精英，往往會被託付重任，而自命清高者也自認無欲則剛，做事理直氣壯，且容易結合志同道合者，組成一個團隊，卻成了精英症候群，因同性質太高，只能組織社團，相互欣賞，不能適合涉外競爭，如果與人爭鬥，只能按步就班打正規戰，對聲東擊西，敵進我退的手法束手即無策，往往依自我意識行事，如同自閉，一旦對手不按牌理出牌，就不知如何應對，如自認為對方無理取鬧，相應不理，在第三者看來如同弱智，如依對方音樂起舞，更顯手足無措，外人看來如同無能，左支右拙，處境比父子騎驢更糟。

其實明槍暗箭兵不厭詐，虛虛實實才算高招，君子之爭只有雙方同意嚴守一定規則下才能交手，否則一廂情願或自我堅守原則，只會成為對手精心設局愚弄的對象，除此之外，君子之爭只是一句不切實際的口號，因輸了一方只能自認技不如人，還要保持風度，如風度不好，還會被認為惱羞成怒。

因此具精狠準特質的領導者其組織如砌石牆，精英如大石子，也要有一些小石子才能牢固，在必要時刻小石子比大石子還重要，只有他們才能塞住空隙。天生我材必有用，領悟「有無相生，難易相成，長短相形，高下相傾，音聲相和，前後相隨，就能知命」，同質性太高的組織架構面對危機脆弱不堪，多半是領導者個人性格所造成，無論是志同道合也好，個性相投也好，或個人偏好也好，組織成員個個是社會精英，大將之才，但湊在一起相互抵消功能，甚至個個不成才。因社會精英有各自的性格，自視甚高，但不一定有精狠準的特質，如果生活及工作形成小圈圈，往往與庶民生活脫節，更可能不知民間疾苦，而學問成了所知障，難再開拓視野，一旦危機產生，都是聰明人，懂得如何明哲保身，怎期盼能挺身而出奧援，領導者卻成了匹夫，處境令人不堪。因此一個領導者，不是只做你能做的事或喜歡做的事，而是做你該做的事，才能無怨無悔。

不知精狠準如同麻煩製造者，「不知」精狠準如同誤入叢林的小白兔，不知天高地厚，不知就是無知，是一件非常可怕的事，自己隨時處在險境而不自知，如同麻煩製造者，處在競爭激烈的環境中，不知精狠準者，往往是他人的負擔，個人受委屈事小，團體社會受損失事大，精明者瞭解聰明不等於智慧，因太聰明反被聰明誤，如對事不明究理，自以爲是，不去多方請教，冒然從事，把結論歸諸命運，絕對是不負責任的行為，凡是不事先做周詳評估，必定吉凶難料，尤其在位者不得不慎，吉者周遭糊裡糊塗受益，凶者周遭成了無辜受害者，不管是事後諸葛或悔不當初，都毫無意義。

精明者一定是個中庸者，大智若愚，胸懷大志卻虛懷若谷，因廣納百川，資訊豐富且充足，才能運籌帷幄，掌握先機，因此精明者決不是獨行俠，而是能充分作資源整合的團隊領導者、協調者、仲裁者。因資訊豐富才不會被蒙蔽，資訊充足才不會誤判，即使一時錯誤也會即時修正，同時也是最佳資源整合者，擅用他人長處，彌補自己的短處，腦力激盪，產生一股團隊的力量，氣概山河的項羽，絕不是劉邦、韓信、蕭何、張良團隊的對手，一開始已既定成敗，何須交手，因此精明者一定經過長期磨練甚至歷盡風霜，受過挫折的勇者，絕不露鋒芒，這樣才能與人融合，才能廣結善緣，建立牢不可破的基盤。

有點小聰明自以為精明者，一般印象都形於外，兩眼有神，思緒清晰，辯才無礙，行動刁鑽，會讓一些人，自嘆不如，避而遠之，因此難成大器。自認為更精明者，眼神內斂，思緒周詳，避免爭辯，行事低調，但機關算盡，成敗仍然難料，真正精明者，大智若愚，行事不留痕跡，借助他人聰明才智，且能保護自己，事事掌握先機，時時主導全局，身邊不論敵我均成了追隨者或追趕者。

無論你是那種層次的精明，絕對要先保護自我，尤其在現實生態裡，每個人都在求發展求生存，當部份人已陷入困境時，會不擇手段，力求脫困，精明者反而是他們求助的對象，精明者如無狠準的特質，往往成了最好脫困的工具及犧牲者，一旦成了脫困者的墊腳石，很難寄望他會回頭拉你一把，糊裡糊塗成了替死鬼，而且百口莫辯，申訴無門，精明與愚蠢成了同義詞，而且更令人困惑，因此不要以為自己具備一些聰明才智，就自認為夠精明，對任何事都能妥善處理，而忽略人性的險惡面，看不清笑容後真正意圖，你就無法適當保護自己，如遭到傷害，只能令人嘆息，因此只有明哲保身，成就事情，才稱之謂精明。

明哲保身有不同層次的含義，領導者明哲保身，才有機會成就事業，君王時代上位者明哲保身才不會禍延九族，有志者明哲保身，才能事竟成，甚至凡夫走卒，才能有機會看到明天旭日東昇，俗語說：活下來才有機會，燈熄火滅，空有一身才華、理想、抱負，一切枉然，因此在得意中，在失意中，千萬

「忍一時風平浪靜，
退一步海闊天空」

要保持火種，只有火苗不熄，才能成就一片事業，至少能令自己存活，儘管你燦爛一世，一旦燈火熄滅，就一片黑暗了，那怕成了風中殘燭，只要拼了命保存，一旦風停，輝煌就等著你了，因此能屈能伸，絕非屈辱，絕非無能，對「忍一時風平浪靜，退一步海闊天空」，就更能領會了。

不懂精狠準者如同糊塗蟲，「不懂」精狠準者，如同一個自信滿滿卻是一個不經一事不長一智的糊塗蟲，這種人往往自以為人生歷練豐富，在資訊不足，資訊不夠周詳的情況下，冒然上場，結果與認知的狀況完全不符，灰頭土臉，自己懺悔、懊惱也解決不了問題，似懂卻非懂比無知還麻煩。待人處事以慣性思考，往往應對進退失據，社會上許多學術巨人如同政治白痴，政治巨人卻是學界小丑，商場巨人行徑與政治掛勾，如同政治侏儒，這些兜不攏的事比比皆是，這不是對錯是非問題，其實這是自我執著，依自己經驗慣性思考作祟，因此不懂比不知更可怕。

要做對事，必須找對人，人不能單看其學術成就或背景，必須深入了解其相符的歷練，因為無相同或類似的歷練，再資深反而固執更難溝通協調，一旦掌握資源，自以為是依個人理想從事，且堅持到底，這不是誤入叢林的小白免，而是一場災難。

懂精狠準者會自我衡量及判斷，事先深入探討，究竟要用什麼策略在什麼時機行動，才能獲得最大成效，同時要決定自己親身下場或找最適當的人來執行，才能事半功倍，提供意見容易，因僅供參考，但做決定就不能不慎，一定要真懂。當機會到來或臨場應變時，一鳴驚人、平步青雲或一籌莫展、一敗塗地，都不是事後檢討改進，而是靠事先的策略及方法。

有些精明者，讓人有虎頭蛇尾，有始無終，總是少了一口氣似的，就是缺少一份狠勁，一般狠者，很容易與凶狠扯在一塊，爭凶鬥狠屬匹夫之勇，是不入流的，真正狠是迅速處理事情的果斷能力與手段。自認精明者，如缺乏狠勁，如同光說不練之空殼子，讓人看破手腳，關鍵時刻進退失據，成了社會丑角，更令人不堪，其實狠比勇涵蓋更深更廣，一般狠者，思想果決，當機立斷，該出手就出手，勇往直前，讓人產生畏懼，更狠者，思想敏捷，判斷周詳，動作迅速，先走一步，同時不一定親自出手，常能借力使力，自己不留痕跡，行事雖讓人欽佩，但容易引起戒心，真正狠者是能掌握全局，事事領先，留人餘地，創造雙贏者。

精如同說理，狠才是行動，精狠相伴才能推動事情，成就理想，許多滿腹經綸之士，以為自持溫良恭儉讓風格，自然就會出人頭地，對適當時機卻無法迅速掌握，機會白白流失，一生如同隱士鬱鬱寡歡不得志。另一層次，精加上狠，才能看清實況，在危機將發生之前，迅速逃離現場，懂得保護自己不受傷害，保得百年身才有機會重新開創，否則一旦受創空有一身本事，也無從施展，因而致命，則一切都畫上句點，空留遺憾，精狠準才會真正體驗，害人之心不可有，防人之心不可無，真正含意。

因此心的主宰非常重要，多少無心之禍造成災難，多少有心人成就了事業，事前不用心，事後也就不必追究了，人互動的心防與溫良恭儉讓，必須並存，如同開車要避免撞人，也要防被人撞上，撞人與被撞，結果一樣，開車要保持距離，人與人相處，也要有安全距離，否則發現情形不對，因毫無迴旋空間，措手不及，甚至不知不覺，當事態嚴重，已無法收拾，保持距離絕非冷漠無情，當在保護自己的時候，你可能在保護周邊更多的人，是責任，絕非做作。

不會精狠準者如同自閉症，「不會」精狠準者，如同一個學富五車，才高八斗的能人，卻是足不出戶的自閉症者，孤芳自賞卻與現實環境不相容，如同水土不服，因不會與無能無異，身藏不露等於無能，不完全與天生個性生長背景、教育背景有關，因此在個人或替別人做生涯規劃時必須充分分析性格特質，如同生物依其特性才能在不同環境下生存及成長，如果不能適才適所，即形成社會資源的扭曲及浪費。

「不會」精狠準者往往令人恨鐵不成鋼的感覺，其實「不會」有兩種，一是自我、一是對人，自我從事與自己興趣不符的工作或處在與自我性格不相容的環境，對自己是一種懲罰，對別人是一場災難。將心比心，對別人也一樣，如指派或任命不對的人，對他是一種折磨，也會製造一些麻煩。

因此人格特質是先決條件，千萬不要嚐試改變一個人，要改變自己都不容易，何況他人，因為改變必須付出學習成本及經營成本甚至社會成本，代價太大，而成效往往枉費心機，精狠準者，一定先有自知之明或知才善任，否則一旦挫敗，只能悔不當初或作事後諸葛。

還有精狠準的正確認知，優柔寡斷、顛三倒四、痛失良機、無知、無德、無能，這是失敗者反省檢討他人或自我指責的方法，但大部分卻屬後知後覺，於事無補。

精狠準是一項天生性格加上後天磨練的特質，通常是深藏不露，扮豬吃老虎且不留痕跡，如果自以為是，鋒芒畢露，處處招搖，與笨蛋無異，人人避而遠之，比白痴還可憐。精狠準是多方觀察自身體驗的智慧，且這種經驗累積及智慧者角色，在未達目的及成功之前，只扮演兩種角色，自己嘗試上台，親自體會親自操演或只靜靜在台下當觀眾，多吸收、學習養精蓄銳，絕不輕易發言、表態、評斷或批評，沉默是金的鐵律，一定要頓悟，親自上台可親身體驗，失敗可再重來，但言語招損，則不知福禍何時才會發生，言者無心，聽者有意，只是替自己或團體製造麻煩，尤其一時衝動或情緒的表態或發言，多半缺乏深思熟慮，事後再後悔，如同覆水難收。

精狠準是項智慧，多半體會而非言傳，智慧的顯示，對象及環境時機，都必須拿捏，不能對家人、親人、朋友及部屬展露，一定要慈悲為懷，才不致眾叛親離，尤其要給別人犯錯的權力，對周遭雖早有定見，還是扮演阿Q的角色，對環境有極高的敏感度，絕不會用自身有限的能力去對抗大環境變遷，這樣才能抓住社會脈動，做妥善的安排及行動，絕不會匹夫之勇成了大洪流的犧牲者或冤魂，對時機拿捏更準確，精狠準者，時機不對時絕對會「忍」，且不留痕跡，絕不玉石俱焚或孤注一擲，但時機一到絕不猶豫，這是成功的原因，否則只能當個事事懊悔、自我放逐的失敗者。

不知、不懂、不會精狠準，比無知無能更可悲、更可怕，觀察某些政治檯面上人物，如同缺乏政治細胞，要靠周邊的拱抬才能一帆風順，一旦面臨逆境，在關鍵時刻，卻是後知後覺，甚至不知不覺，讓支持者有窩囊不堪的感受，如自我感受很好，陷入所知障而不自知，參一輩子也參不透，也就不足為怪了。

精狠準幾乎是天生的性格，與學歷專業知識無關，尤其學識不高者，因自知之明，反而展現淋漓透徹，在檯面上的企業家及政治人物，具精狠準特質者，均能成就一番事業，具歷久不衰，以命運而言，他有這個命，也有這個運。

也有一些領導者，學識豐富，IQ甚高，料事如神，既精又準，但堅守原則或EQ不夠，做人處事顧忌太多，不夠狠，容易遭人算計，掉入陷阱，中途而廢，有這個命卻沒這個運。

也有人學歷高，專業知識豐富，在專業領域獨樹一格，做事努力，但為達目的，用盡心機不擇手段，雖然又準又狠，但不夠精明，令人敬鬼神而遠之，凡機會到手，卻無法推展，有這個運卻沒這個命。

有些人具一定身份地位，因而有許多施展的機會，但能力不夠，又不講誠信，常過河拆橋，以為只要靠財勢夠狠，不受道德規範及法律約束，就能成事，一旦東窗事發，無命亦無運。

如果只準不精又不狠，事實上不適合擔任領導者，但絕對是一個好的幕僚、參謀或專為人排難解惑，或一位好的修行者、傳道者或一個好老師，對社會的貢獻及影響，會比當一個領導者更具有價值。

第四章　隨和/犯小人

能傷害你的人，都是能接近你的人。因此只能與自己親人、朋友隨和，對天真無邪的人隨和，對相同價值觀的人隨和，隨和要有對象，而不是盲目的

只能與自己親人、朋友隨和，
對天真無邪的人隨和，
對相同價值觀的人隨和

行為，隨和者親和力必強，這是容易與人相處及受人愛戴的根本，尤其是宗教家、政治家及教育家成功的基礎，這是一種行為的特質，多半天生很難模仿，充分發揮會形成一股龐大的凝聚力，吸引眾多的人跟隨學習，甚至投效，如建立理論及規範，則形同教義歷久不衰，但親和力有許多不同的面相，許多人因親和力成功，也因親和力而失敗，多半事後才能分析清楚，親和力是社會溫馨的因子，人與人容易相互和諧相處的基礎，也是相互容易溝通減少摩擦的潤滑劑，但為何會遭受挫折，因天生具親和力的人，如同人見人愛，見人即笑的嬰兒，一切表現由內而發，無絲毫虛偽，真誠無邪，容易讓人親近，也最很容易讓人傷害，結局最令人悲痛。後天經環境歷練，具偉大情操的人，也具有親和力，這種人悲天憫人、慈悲為懷，待人處事以人人為我，我為人人作為出發點，凡事無私貢獻，令人尊敬欽佩，同樣也容易受人利用傷害，結局令人惋惜。另一類具親和力者，是經過自我包裝者，表面上同樣容易與人相處，除非深交，實際很難了解其內心世界，基本上這一類的人不壞，也一直付出也容易受人愛戴，但有其期望的目的，付出即要求回饋，如不能達到則前功盡棄，一事無成。另類具親和力者，完完全全是為達目的不擇手段的虛偽者，因經過細緻的計謀，帶著和善面具，一時不察也容易與人相處，這類人心機很深，當別人挪開心防落入其圈套，只有懊惱悔恨的份。

親和力如此多的面相，在交淺時必須審慎互動，辨別真偽，無論是自己親自與人來往或他人主動交往，都必須留意，不可掉以輕心，一旦雙方距離拉近，防不慎防，因能容易傷害你的人，就是能親近你的人，害人之心不可有，但防人之心不可無。

因親和力有其優劣、利弊，必須弄清互動對象，要有所選擇也要有所保留，身為領導者或身負重任之人，更要審慎，絕不能任性從事，一定要從經驗法則，找出以往案例及當時環境時空可能發生的狀況，必須與周遭的人保持距離，不怕一萬只怕萬一，以策安全，同時具親和力者也最容易犯小人，這類人可能是你上司，可能是你的朋友，可能是你的部屬，因緣聚會而相處在一起，小人令人難以分辨，因其未必是壞人，這類人心機很重，可能利慾薰心，可能貪念深重，可能環境所迫，也可能身不由己，麻煩是這類人都在你的周邊，很難察覺，如果是你的上司，不但不會提拔你，隨時你都可能糊裡糊塗莫名其妙成了毫無意義的犧牲者。

如果是你的朋友，會迷迷糊糊成了代罪羔羊，成了其達到目的墊腳石，不但身受其害，而且是最後知道的人，如果是你的部屬，他不但不是你的助力，不是你的資源，你為達成目標的努力，成了他達到目的的工具，你對他的信任成了破壞團隊利益的溫床，長期潛伏如同蛀蟲，當樑斷柱崩時，才知事態嚴重，悔之晚矣，這些因緣反成了業障，事後只能歸諸因果，如後果嚴重不可收拾，這種解釋，僅是消極的理由，身為領導者或身負重任者，必須有防患未然的智慧及能力，否則本身即是不適任者，清君側真正目的就是清除身邊的小人，英明的君主如同奈米材料，灰塵都很難黏上，次等君主一定要有智慧選用真正忠誠之英才，去除身邊的陰才，才能長治久安，因此無論親和力是個人天生性格或後天歷練的氣質，都必須知道容易犯小人。出社會或新進一個團體，都必須仔細視察所處環境，可能面對的危險，這不是大智慧，而是動物基本的本能，只是一般人容易疏忽，而自陷險境，朋友交往以個性相投，價值觀相同，物以類聚，千萬不要以個人喜好，或以利益結合呼朋結黨，這些僅是相互利用依存關係，絕非朋友，對部屬回歸最簡單的原則，做對事先找對人，體認人有七情六慾，並非聖賢，必須以制度相互監督及制衡，一切才能有效掌握及控制，人性本善本惡不重要，因各人均有其優缺點、專長及盲點，截長補短即能相輔相成，如一味以親和力以兄長式的領導，人性化管理，針對自動自發有正義感者是具吸引力的環境，但對小人則是鬆散放任，藏汙納垢的溫床。因此親和力是一股能量，必須深切了解有效運用，才能發揮其功能，否則招致破壞、傷害，甚至造成災難，也是必然的結果。

現實生活環境中，小人比惡人更可怕，防不慎防，因惡人我們會避而遠之，而小人只有到關鍵時刻你才能分辨，往往悔之晚矣，這些人平常長袖善舞，能說善道，具有一定能力，在社會且有頭有臉，甚至是知名人士，但他是帶著面具，你所認識只是表面，你不了解面具後的真實面目，當雙方撕破臉，你還是你，面具後的人你完全不認識，此刻你無法原諒自己的程度，會比指責對方可惡更嚴重，悔恨交加，捶胸頓足，無法平息。更可恨之處，不但自己被騙，還連累一堆人，一生心血付之一炬，傷痛之餘，只能將他真面目公諸於世，以減輕自己疏失所犯的過錯。

小人結群就成了詐騙集團，只要一人搭上線，其他人即蜂擁而上，不擇手段，不留活口，事先計畫周密，事後用嫁禍手法，移花接木，切割責任，以迴避法律責任，手段毒辣，這種集體智慧型犯罪手段，因幕前幕後行為分擔，常令受害人苦無直接證據，投訴無門。另類小人僅僅是被利用的工具，如同古代富員外買通家奴去陷害人的現代版，這些人也許基於主僕的關係，也可能基於利誘，甘心被驅使，事後一肩承擔，令被害人死不瞑目，但為隱瞞真相，這些人往往會被滅口，結局也十分淒慘。

另類小人如同潛伏型的病菌，當你體質強壯時，免疫力夠強，只是不發作而已，當你受創或體質衰弱之際，像併發症般出現，如兀鷹般趁火打劫，只為謀利毫無道義可言，這類小人多半是相處甚久，甚至是你倚重毫無戒心之人，一旦利慾薰心，又了解你目前身受重創，無力反抗之際，什麼事都做得出來。

民主社會民意代表成了新貴，因掌握諮詢權，又擁有一定程度的豁免權，成了官員的太上皇，為收集資訊及社會資源，必須有助理協助，助理的層次及品格參差不齊，一些小人如成了接洽的窗口或成了代言人，對選民而言，簡直是一種夢魘，狐假虎威，剝削敲詐層出不窮，完全背離行事原則，甚至以錯誤的資訊，誤導方向，顛倒是非，這些新貴，反而成了他們的玩偶，利用的工具。

凡屬小人，絕對說謊成性，唱作俱佳，成了他們的生活模式，甚至成了他們生存的方法，也有一套自以為是的價值觀，如果以一般人的想法、相處或合作，是天真已到愚昧的程度，這些人在社會各個層次，戲碼各不相同，例一，社會上經常舉辦開工典禮、破土儀式，除了公部門外，除非是與自己相關者，剪綵儀式最好要事先調查清楚，否則糊裡糊塗風光一陣，換來一堆後遺症，成了麻煩製造者的同路人，甚至成了詐騙的工具，甚至代言人而不知。

另一例子，具親和者，如果在位者，千萬不能在辦公室單獨接見來客，必須有第三人在場留下訪談記錄，否則來客一出門，其言談舉止，無法預料，如係有心者，自編會談內容，為達目的不擇手段，不但令人百口莫辯，往往造成的傷害難以彌補。如不夠深交或親人，公事、私事、家務事要分清楚，例如除了家宴、摯友聚會及公開宴會，不清楚參與成員的私人聚餐也不宜參加，尤其政商場合，相互攀附，相互利用，防不慎防，一張名片、一張照片都會惹來麻煩，尤其扭曲聚會目的，是令人頭痛不已之事，如遭利用、曲解餐會目的必須大費周章做解釋，是一件不必要之事。

第五章　善良/阿斗　優柔寡斷

善良是人人稱羨的本質，行善之人積善之家，必有餘慶，但在現實生活中，善良往往與呆傻相連，人們也以此為樂，如傻人有傻福、天公疼憨人或認為吃虧就是佔便宜，這種誤知讓許多人庸庸碌碌糊塗一生，小者愚蠢令人無奈，大者如同阿斗禍國殃民，善良絕非愚昧，絕非消極，絕非不明就理，溫良恭謙讓也絕非不食人間煙火，而是待人處世的一項自我標準，許多人因自我疏失造成後果，不能以善良為由自我解脫，但如涉及公眾事務或國家大事，更不容許如此錯誤認知及輕忽，因造成後果，不是一人可以承當。善良者決定是一個大智慧者，因有智慧才夠格稱之善良，必以大局為重，蒼生為念，思緒周密、面面俱到、勇敢果決，絕非優柔寡斷，因個人遭受挫折事小，他人遭難事大，因此真正善良者以功德者自居，處事圓融為善，本質優秀為良，善良是成就大事業的基礎，與毫無主見，任人擺佈，不與人爭鬥，忍氣吞聲者，稱之善良，截然不同，其實善良的判定也是以結果論，能創造圓滿結果者才是真善良，結局是悲劇者，是共犯、與禍首無異，為何人們對善良如此誤解，認為弱者才是善，強者絕非善類。在現實環境及物競天擇的生態中，弱只是強的平衡因素而已，尤其食物鏈最為明顯，弱與善良是一種同情心的認知，絕不是認同，善良不是獨善其身的個性，而是要在任何惡劣環境求生的本能，因存在才能創造理想，否則一切毫無意義，弱肉強食本是自然現象，因弱而無法保護家人，因弱而團體終結，因弱而遭併吞，絕不能以善良相提並論。

強弱絕不是善惡的標準，這與通俗的認定絕不相同，因善良是社會一股正面的力量，而且愈強愈善良，好人好事是其對社會的貢獻，絕非被佈施的對象，中外皆然，這是普世的價值。

善良者縱然有大智慧仍然會失敗，原因是這類人會將心比心，事事為他人著想，許多成功者因有此胸懷，受到人們的擁護及愛戴，這是成功後甚至是百年後的評價，但人在奮鬥的過程中，一定要有選擇性的對應，不是每個人及每件事都能站在對方立場思考問題，這與善惡無關，十倍速社會的變遷速度太快，環境也複雜，人的背景及思想會隨時空改變，因此站在對方立場只是自己主觀的想法，往往與事實有段距離，甚至相反，尤其在激烈競爭的大環境，應把家人、親人、朋友、夥伴及交往對象分清楚，這不是鼓勵要猜忌、多疑，而是要弄清事實，否則隨著對方音樂起舞，事事對號入座，不但成了現成道具，甚致糊裡糊塗成了箭靶，善良者因成長過程耳濡目染造成的性格，絕對是一件無價的資產，這種表裡一致的行為，很容易受人信任而建立信用的根本，但也要自知之明，這種信用建立不易要努力細心維護。因此不能以自我的習慣、思考及意識去與人互動，而要用組織及制度才能去防患，因人的偏差所造成的錯誤，人與人互動，有其可愛之處，也有可怕之處，這要看你所處的環境及位置。千萬不能一本初衷、一視同仁，當這個環境不會產生任何利害、利益衝突時，以赤子之心互動會產生祥和，這種祥和能產生一股極大的力量，彼此互動有共識及默契，就能坦然相處拋開心防，但在一般的生活圈，就必須有所顧忌，職務愈高，責任愈重者就必須以制度去規範工作準則，去建立防火系統，以組織對所有可能的現象多做過濾及整理，不要以自己的習慣、喜好及感情去做承諾或決定，集思廣義多方觀察，可降低風險及減少盲點，就能減少錯誤及災難的機會。因此認清善良絕非阿斗，因善良及罪惡也是結果論，善良者如犯錯與犯罪何異？如因誤解善良造成災難，讓多人受害，則罪大惡極，因此善良決定是一個大智慧者，因只有帶給他人利益者或有能力造福社會者，才能稱之為善良。

絕非自認出污泥而不染，而忽略周遭的環境也是自己的責任，人是群體的動物，群體的福禍也是每一個成員奮鬥目標，群體的成敗也關係個人的利與害，如只顧自己的羽毛，在關鍵時刻未採取應有的行動，唇亡齒寒，覆巢之下無完卵，要銘記在心。

我們喜歡善良，親近善良，因善良者，心存善念，將心比心善解人意，多半沒有心機，反而容易被傷害，心直口快，該講的講，不該講的也講，話太多往往言者無心，聽者有意，不知不覺禍從口出，另外一類沉默寡言，無論是非曲直，從不與人爭論，面臨誤解也從不辯白，成了沒有聲音的人，但不代表他毫無定見，只是思想行為內外一致，在複雜及殘酷的競爭環境，缺乏自衛能力，像個無免疫力的患者，只能在慈善團體、宗教團體同質性高的社團，無利害關係的特殊環境中才能存活，而且物以類聚，紅花綠葉，更能襯托出善良的慈悲，善良的意境，善良的美，人溺己溺，捨身救人，充分顯示人性善良的一面，但這只是小我的小善，要成為大我的大善，就必須擁有足夠的資源，才能造福更多的人，要達到這個境界，就必須經過一番奮鬥的過程，甚至為達到目的，不惜一切代價，用血汗鑄成，一個組織因有足夠資源才能有能力擴大影響力，協助更多的人，一個事業有足夠的利潤才能照顧員工，分享股東及顧客，一個國家富強才能造福及保護人民，因此能為大善者，絕對是位強者，才能贏得競爭擊敗對手，克服困難，開疆闢土，開創新局，只能用成敗去論他的功過，不能用枝節去評斷對錯，在資源累積的過程，謀略是必要的方法，爾虞我詐是克服致勝的必要手段，關鍵時刻不惜強取豪奪才能擁有一切，只有功成名就才有資格論功行賞，挫敗成了階下囚，只能任人處置，當擁有足夠甚至傲人的資源，才能實現大善的理想，只要了悟善良的真諦，目標明確，思想行動敏捷，智慧加上毅力，才能有一顆善良的心。

喜歡一個善良的人很容易，要騙一個善良的人也很容易，一個人被騙，影響層面會牽連家人及朋友，影響不大。一個組織負責人被騙則影響整個組織及成員，如造成無可彌補的損失，很可能形成不可收拾的局面，甚至一場災難。

一個國家決策者或談判代表被騙，影響可能不只一個國家，甚至整個地區或聯盟關係國。如一次大戰結束，德國希特勒利用英國風範人士及法國理想主義者，以不公平的對待為出發點，反對約束德國人服兵役及工業發展。當二次大戰爆發，法國被佔領，英國遭轟炸，這些人悔恨不已，幾乎成了叛國賊。一個人被騙是傻到極點，一個組織負責人被騙，是不可原諒饒恕的恥辱，一個國家成員被騙，則是十惡不赦的罪過。人生悲慘，莫過後悔莫及，再大的個人代價也挽回不了千萬人，生命財產塗炭，因此善良絕對是好人，但不能成為容易被愚弄被利用的爛好人。

第六章 主觀/固執/自以為是

主觀是一種個性、一種自我的習慣，經常分析問題討論主觀及客觀兩種因素，其實從單一個體出發，其實沒有分別，由主觀去分析客觀或客觀去分析主

觀，只是單一問題的兩種說法，人有慣性思考，有預設立場，這種因素及立場來自成長過程，來自家庭、師長教育，來自宗教信仰、政治理念，非常複雜而且是隱性的，甚至自己都不會警惕及察覺，因此造就形形色色的行事風格，所以主觀者，經常用種種理由去包裝，因理由都很充分，所以很難改變這種自我的意志，屬良性則會造福他人，屬惡性會依自己的價值觀及習性從事，對自己與周圍不管是人事物都會造成麻煩及困擾。

主觀這種長期潛移默化的性格，其實是一種本能及個性所展示行事風格，良性及惡性也是以結果論，這種本能及風格是一個領導者不可缺的特質，許多管理理論，領導統馭基礎，由此而生，一切分析及討論，最終必須有結論，主觀才能下決定，否則人云亦云不知所從，形同無能，但手中握有決定權者，因必須對成敗負責，不得不審慎，主觀本身其實非常脆弱，很容易受潛意識及先入為主的觀念所左右，做決定的機會成本非常大，所以要克服自己所好才能判斷外來先入為主的資訊是否正確，要靠毅力及智慧去克服及分析，才不會淪為自以為是的固執，做出最正確的決定，權力愈大影響也愈大，幾乎成正比，一般愈固執者，行事風格愈主觀，很難被授權及協調，通常只適合扮演獨當一面的角色，不適合當幕僚及部屬。主觀者容易失敗，因主觀即為最致命的缺點，一個主觀領導者，會依自己直覺及表相選擇重要的部屬，經常會將不適當的人放在不適當的位置，而忽略他人的個性、專長及個人喜好，最典型的例子，就是任命個性主觀者擔任重要幕僚，如果聽從，其實就如同將其想法及個性全盤接納，整個決定如同他的決定，自己反而成了達成其意識的工具，外界看來好像只是坐在虛位的傀儡，毫無主見，如果不接納，就必須耗費許多寶貴時間，去溝通去深入了解其真實的意圖及想法，這種幕僚成了最大內耗，容易形成團體意見及路線之爭，單純狀況其封冠求去，麻煩是他個人主張，在團體內發酵擴張，造成領導者糊塗無能的形象，將團隊目標模糊，凝聚力散失，如其有領袖慾及個人目的，更可能成了團體中之次團體，獨霸一方的意見領袖，呼朋結黨，將團體資源形成其個人資源，一旦時機成熟或當團體遇到困難或危機，這個小群體不但不會伸出援手挺身而出，反而以小動作抽後腿，令親痛仇快，盜取團隊資源，小者另起爐灶，大者取而代之，但真正禍首不是他，而是當初以主觀意識造就他的領導者。同時選擇重要主管也是同樣的情形，如放在重要位置，因自我主觀不易順從，而形成叛逆的性格，表面順從實際反對，最明顯例

先了解自己的性格，
比較適合哪種環境及行業，
良禽擇木而棲

子，這類部屬，在公開場合及正式會議不會表示異議，而是私下或台下議論紛紛，將一個團體弄得烏煙瘴氣人心盡失，尤其處在激烈競爭的環境中，團體如同一盤散沙，戰鬥力喪失，甚至崩潰。

因此主觀也是領導者或個人最大的機會成本之一，面臨選擇時無論是個人生涯規劃或團體的發展計劃或策略，要避免落入固執及自以為是的陷阱，一旦造成錯誤選擇，如同失足，後悔莫及。

個人從事生涯規劃時，先了解自己的性格，比較適合哪種環境及行業，良禽擇木而棲，萬一沒有選擇，必須選擇順從，如同服兵役把個性放在小盒子裡，暫時冰凍起來，遵守紀律絕不能任性，領悟會帶來麻煩，且毫無價值及意義，往個人能發揮的方向，積極找尋能發展的環境及空間，與領導者及團體良性互動，否則因固執可能產生不可挽救的挫敗。一個領導者也要了解自己的性格，體認固執是一項個人缺點，時時要自我警惕，做決定前必須深思熟慮，多方面採納意見，同時也了解他人也有主觀的特質，非隨個人意志可操弄的木偶，這種特質不一定是顯性的，在選用重要助手或授權任用重要職務者，要詳細觀察其平常的習性，從家庭、周邊朋友及同事交往情形，才能看出其真實的一面，同時在做決定時，要集思廣益，避免單一管道或聽信親近，主觀者一定要認知「自以為是」為致命缺陷，因此在資訊不明朗的情況下，絕不做決定，同時也要做適當的諮詢，多方參考不同的意見，尤其在一個組織架構內，要建立防護網，以不同的職責去發揮監督及制衡功能，並以制度去過濾可能的人為疏失，切忌因主觀而形成固執，則一切資訊毫無意義，所有諮詢成了耳邊風，自己成了破壞組織功能及制度的兇手，身先士卒，其實如同將自己暴露在空曠之中，一有狀況毫無迴避空間及防護能力。

第七章　自信/剛愎自用

自信是邁向成功的動力，缺乏自信即缺乏信心，但自信往往也是成功最大的障礙，會對周遭環境的變化失去警惕，對最有利的時機未能及時掌握，最忠懇的建言，未能接納而遺恨綿綿。因此自信令人成功，也因自信陷入困境，為何自信會有如此不同的境遇，為何成也自信，敗也自信。先知先覺具前瞻眼光者有自信，這才是成功的基礎，後知後覺者，缺乏自信，是非常好的跟隨者，忠實的執行者，不知不覺者，茫然無知者，往往也有自信，這種自信是沒有基礎的，弔詭的是大部份的人都是這類自信，因此自信與信心要有明確分界。自信是自我內在的，信心才會產生行動，自信只是圖騰，信心才是力量。如何建立正確的自信觀念，是一項自我認知的智慧，不要輕言自信，也不能輕信自信，因縱然天縱英才，但不可預測的因素太多，不可控制原因也太多，自信必須能對正、負面的結果都能事先預料，否則結果都一樣，經常我們常試探反應及找尋結論，詢問有沒有問題，答案如果「有」，問題大多都變得簡單，如果回答「沒有」，就有兩種可能，一種是問題都充分了解，知道要怎麼處理，另一種可能是，回答者隱瞞事實或根本不知問題所在，此刻如果輕信，則任何小問題都會變成大問題，甚至不可收拾，因此真正自信是經過深思熟慮，對結果都能接受或承受的能力，因他人的內心世界及大環境變化絕非個人所能掌握及改變。如果誤解自信，當作一種不變的決心與剛愎自用無異，小到個人鼻青臉腫到處碰壁，大到一生心血付諸流水，一群人也跟隨受累，因此正確的自信是建立在知己知彼的基礎上，如果缺乏資訊，即無法做正確的判斷，如何產生信心，沒有信心即失去動力，已注定失敗的事何必開始，因此自信必須有自知之明，對自己優缺點及周遭事物一目了然，如同在叢林內獵物的鷹隼，對複雜的環境有極高的應付能力，對目標有極正確的判斷能力，絕不做飛蛾撲火毫無意義的事，讓習慣性的堅持成了無法挽回的宿命，所以自信展現的本能多半付諸在行動，而不是由言語中表現，言語隨意而發，多半掩蓋虛偽，靜下心來檢視自己的自信及細心觀察他人的自信，會發現一個事實，成功來自自信，失敗也來自所謂自信，正確的自信，是一種優質的本能，一種能取能捨，當機立斷的功力。極端的自信者，在挫敗後往往才領悟自己一無是處，犯了一簍筐不該犯的錯，尤其身負重任者，不能有任何疏失，一個正常運作的組織或團隊，如同一個健康的人，有足夠的免疫力，累積的錯誤問題，如同潛伏的細菌不致發作，但一旦產生危機，體質衰弱時即爆發併發症，如與外界競爭者或破壞者結合乘隙而入，更窮於應付，更令人痛心。

自信導致失敗因素之一，是忽略了互信，交往互動過程自我的想法及堅持，忽略與對方是否能接軌，是否充分掌握對方的思緒及問題，如無法溝通，為一廂情願的思維，僅以猜測方式以為對方有相同的回應，這種自信毫無意義，如判斷錯誤或期待落差，自信者必須負擔最大的責任，而且很難自圓其說。

自信的基礎必須有所依據，絕非憑空想像或自以為是，沒有依據的自信，必會以糊塗收場，許多遺憾就來自極端自信，自認掌握所有關鍵資訊，而未深入查證資訊的真偽，或過濾資訊的來源，只憑自己主觀意識形成預設立場，以直覺做判斷或決定，誤導的資訊比沒有資訊更可怕，依據必須正確，否則就等於毫無依據，自信要有所本，主觀及直覺有時會誤了大事。

自信愈強者，信心也愈堅定，這是形成自我封閉的最大原因，資訊及建言將毫無功能及作用，因為心中早有定見，對任何外來資訊及建言不知不覺中已有預設立場，很難改變行為模式及內心主見，一旦自我想法與外來資訊不同時，會迴避原有制度，一切組織功能失能，形同自我放逐保護，暴露在危險之中。尤其在激烈競爭的環境中，雙方對疊，擒賊先擒王的最簡單圈套，就是將對方主師孤立無援，即能速戰速決。

另外自信強者，往往也會身先士卒，一馬領先，這也會令原有規劃嚴密組織形同虛設，將一股龐大力量棄置不用，自己人單力薄陷入敵陣之中，因此真正自信必須能善用周邊資源，橫跨多方功能，建立一股銳不可擋的力量，而且鉅細靡遺掌握正確資訊，才能做出正確判斷，而這種判斷絕不能來自單一資訊，必須多方向探求，甚至接納正反面意見才能找到真正的事實，唯有了解真相才能做正確的判斷及決定。

因此一個領導者為避免失敗，必須建立一個可靠的幕僚體系，進行參謀作業，找對一群志同道合且能彌補自己不足的伙伴，清除自己的盲點，將幕僚體系及工作伙伴形成一個工作團隊，這個團隊實力有多強，它的對外競爭力就有多強，要有自知之明，才不會做出以卵擊石的舉動，避開毫無勝算的角力，儘管深信實力逐漸增強，在成長期間先找適合的生存空間，壓低姿態不露鋒芒，才不致夭折。

對自己組織內的資訊，幕僚要能交叉查証，避免單一管道，才能瞭解真相，但前題必須慎選幕僚，因屬貼身的親信，一旦被競爭對手滲透或買通，整個組織將不堪一擊，當兩軍對恃或組織間相互爭鬥，最令領導者痛心是出賣自己的竟是自己最貼近或最不設防的人，而慘重的挫敗往往無法挽救。

其實這類領導者之所以挫敗，犯的最大錯誤就是自信，深信身邊的人忠心耿耿，不會背叛，一旦忽略人性的複雜性，除了物慾的貪婪，還有對同樣的事有不同的價值認知，摸不著的潛意識及競爭對手防不慎防的算計，我們期待運動場上光明磊落實力的競技，在仙拼仙的實務中是不存在的，反而成了四肢發達頭腦簡單的弱智，理想與實際之間相差非常遙遠，但不能因噎廢食，只要體認自信必須建立在對人性真正瞭解的基礎上才存在，如果不夠透徹，只能設定其功能在提供參考資訊，而不能參與核心決策。不同特質及文化的組織，在策略聯盟爭取共同利益之際，自信要建立在深入掌握雙方真正意圖及心態，才不致一廂情願，誤判情勢，因在追求利益最大化同時又要追求雙贏，本身就有矛盾，只有在旗鼓相當或掌握絕對多數或關鍵的少數，在成敗間有制衡及談判的能力，才能平起平坐，才不致成了工具或淪為犧牲品。

在現實的生態中，對利益定義已不能用傳統思維去衡量，不歸坐轎者獨享，因此坐轎有坐穩的利益，抬轎者也有抬轎的利益，彼此利益與共，必須通盤考量，坐轎與抬轎者已不是君臣或主僕的關係，而是成就一件事，各自扮演的角色不同而已，利益如無適當分配，誘因從何而來，只有形成利益共同體，不同個體就如混凝土緊固地結成一體，無論是自我體系或與不同組織結合成策略聯盟，自信絕對是建立在周圍的氛圍，所形成的士氣甚至已高於個人的意志，如只顧個人利益或利益分配不公平，抬轎者成事不足敗事絕對有餘，往往一件好事，就敗在自己人手裡，尤其合伙關係，原本緊密結合，優勢互補，共創綜效，反而成了骨牌效應，無法倖免，事後檢討，坐轎的理想如不與抬轎的現實接軌，自信就等於粗心大意，發生任何事都不足為奇。

第八章　形象／好面子／護短／遮蓋真相

形象有正反面兩種，正面形象如維護不當，即成負面，負面形象者透過努力會變成正面，有正有負即有褒有貶，是評價及觀感，自我如果也有正有負，即容易形成人格分裂，無論個人及團隊，正面形象絕對是揚名立萬的根本，但維護不當，立即招致失敗，最重要因素，形象不能建立在好面子的錯誤觀念之上，好面子絕非中國人的特質，世人皆然，尤其異性的吸引，是形成人生五光十色的主因，但出發點要正面，否則容易形成邪惡的化身，好面子原是正常的表露，將原本真實自然的原意，變成虛華不實，除非看破，大多數人花費太多精神在形象塑造，逐漸形成一種自我要求，這種要求未必合理，塑造形象很容易，可由自己或經過特殊規劃設計或包裝即可做到，但維護非常困難，尤其人為刻意裝扮者，代價很大，一個閃失就消失破滅。

因形象塑造為求取他人欣賞或喜愛，這只是短暫的虛華，凡遮蓋缺陷裝扮出來的表像，自己會弄得疲憊不堪，一旦卸妝即原形畢露，不但達不到目的，反而受人輕視或厭惡。

塑造形象目的為求取他人信賴或信任，就如同帶著面具參加化裝舞會，別人只看到你刻意的裝扮，面具後才是真正的自己。

一旦達到目的，如同舞會結束，總得回歸自己，自己樂在其中，人生卻虛偽不實，毫無價值。

帶著面具參加化裝舞會，
別人只看到你刻意的裝扮，
面具後才是真正的自己

形象塑造為求取他人跟隨或尊敬，就必須刻意包裝，而且要長期經營才能開花結果，要修正自己個性、隱藏自己的缺陷，人前人後形成兩個自我，因時間長，維護不易，一旦錯亂代價很大，而且無法恢復。

因此形象僅僅只是面子問題，只有夜深人靜的時候，才會自我清算到底在做什麼，什麼才是真正的我。非常多的場合，為了維護面子，只好極力護短，不管是個人或團體，會形成一種潛意識的習慣及行為，不管是維護自己或他人，都會掩蓋真相，如屬正面的，對事總有幫助，頂多只是善意的謊言，如果是負面的，小則傷害自己，大則傷害團體，原因是失去在第一時間內修補改善的機會，弄得更嚴重或不可收拾。

成功的形象塑造必須有一致性的標竿，且不輕易更改，才能引人認同，大則可建立商標及品牌，小則可形成個人獨特的風格。

形象失敗，絕不要怨天尤人，可能一開始就方向錯誤，或是曲解形象的定義，以為能由塑造就能達到目的，而不知一旦形象塑造就得長期維護，就算虛偽，也要維持不變，才能建立一致的觀感，如果意志不堅隨意改變，不但原意盡失，弄得他人混淆不堪，自己也成了丑角，除了取悅別人，自己也弄不清楚自己是誰，能暫時落幕還好，如弄得不可收拾，代價就大了，因此，成功的形象必須建立在個人的理想及真實的性格，有理想就有追求的目標，有性格就不會太偏離自我，而陷入混亂。

理想與性格都是非常主觀的東西，如能符合生存環境及社會脈動，隨性所致即能被人接受，本性自然流露，其形成的風格，最接近真實，不但對自己不會形成沉重的負擔，對他人也不會像霧裡看花，虛虛實實模糊不清，維護容易，成本也最低。

為何要符合環境，這是生存的現實，如與環境不能配合，格格不入，形成嚴重的自閉，所作所為與環境乖離即如同水土不服，如何生存，如任何形象只是自我的固執，毫無意義，如與社會脈動脫鉤即無方向，形成自我摸索不但找不到方向，甚至迷失自我，形象形成負面功能，造成嚴重虛耗，比水土不符更頭痛。

對形象的迷思，許多人太主觀個人的形象，而忽視自己所屬團體的形象，事實上團體的形象如果不佳，不良的環境如何能成就個人，不要被出污泥而不染的這句話，而沖昏了頭，要建立個人形象，必須先將群體的形象建立起來，因群體的形象，才是物以類聚的認定，個人可影響群體，但群體亦代表個人，什麼樣的團體是由什麼樣的個人所組成，因此團體對個人一定要有所選擇及規範，個人也要擇木而棲及一定程度的認同，一旦個人有危機，團體必須伸出援手，團體有危機個人也必須挺身而出去維護，尤其危難之際，人性善惡即充分顯示，為脫困或求生本能，一切形象蕩然無存，但也有人充分流露最善的一面，其真實的一面，這股正面動力就是社會及團體最寶貴的力量，這種相互協助的行為，所製造的形象，才能深入人心，真實不虛。

如果心術不正，心機沉重之人，形象則是他行詐騙的工具，令人目眩的表面功夫，讓不知不覺中撤掉心防，在毫無戒心下，掉下陷阱，其實許多社會犯罪事件的發生源多半是社會快速變遷所形成，如高關稅，才能造成走私猖狂，金融管控不當形成黑市，政治鬥爭或僵化控制造成公務人員動則得咎而不敢擔當，而人性的貪婪及對利益追求，總是道高一尺魔高一丈，管控愈嚴，利潤愈大，愈值得鋌而走險，以致花樣百出，防不慎防，管控者反而後知後覺，當下不知如何處置，束手無策，不足為奇，能亡羊補牢已經不錯了，現實社會只要敢做或先下手總是贏家，跟在後面如同老鼠會，多半倒楣，因社會變遷步伐太快，法規老是慢半拍，腦筋動得快的人，老是走在前頭，當財勢累積到了一定程度，形勢比別人強，自然形成一股力量，只要重塑形象，自然就能漂白，各行各業，各有竅門，社會成長愈快，空間愈大，竅門愈多，無論合法或非法之社會成本及社會代價多大，只要能快速累積個人財勢，就能擠上社會上層，成了新貴，成了具影響力的公眾人物，大多數人只能停留在原地，隨波逐流，根本跟不上腳步或找到正確的道路，因這些別人走過的路，不是被阻斷，就是被修飾過，已不再適用，當既得利益的勢力達到一定規模，會形成一個生物鏈，一個生活共同體，甚到一個利益共同體，只有加入或迴避，已經沒有其他選擇，尤其利益共同體，利害與共唇亡齒寒，會將任何結果，形成既定事實，予以合理化，對任何反對者，予以妖魔化，成了必須消除的破壞者，而且一旦成了新貴，必能掌控社會資源，如不遵守道德規範，造成不公不義，要耗費極大社會成本才能扭轉。

尤其在弱肉強食，成王敗寇的生態中，得逞者是沒有犯罪觀念的，一切不法行為，會以自身利益為前題，除罪化、合理化、誠信、道義、社會規範，根本是不存在的東西，如果不能適時制止，除非作繭自縛，受害層面會不斷擴大，而受害人很可能因資源缺乏，投訴無門。

手握公權力者，理想色彩濃厚，又愛護羽毛，獨善其身，對庶民則是一場浩劫，因不作為比昏庸更可怕。

因此手握公權力者，必須能體會社會不公、不義所造成之疾苦，掌握人性貪婪的樞紐，管控慾望的通道，只要能守住人性的弱點，犯罪的動機及機會，自然就會降低損害的程度，但偏偏這是一件清道夫的工作，一定要親身下海，只要心靈不沾污，不在乎外在的污穢，同時還要找一些理念相同，又值得信任的人，結成一股力量，才能成功。

第九章　謙虛/謙讓/事先放棄

一般家庭及學校教育，耳濡目染謙虛及謙讓是一種美德，但不能誤解，做任何事，任何時間都要依循，形成一成不變的原則，否則人生不必奮鬥，不必力爭上游，謙虛是一種胸懷，一種態度，是一種處事的方式及技巧，待人不能驕傲，不可一世，不能目中無人，無論你學識才能有多好，總要有一山不如一山高的想法，虛心且不斷修練及成長，否則樹大招風，才能愈高者成功阻力愈大，挫折愈深，到頭來天下之大弄得無立足之地，必非天忌英才，而是恃才傲物，犯了人生大忌，畢竟才能不是讓人羨慕、忌妒、而是讓人尊敬及學習的，謙虛是種處世的技巧但絕非奸巧計謀，而是從內而發，對人生體驗認知的人格特質，因奸巧之人，只能瞞一時不能瞞一世，只能對部份的人，不能受大眾長期的檢驗。

因此誤解謙虛的人，會不瞭解如何掌握時機，機會到反而深藏不露自以為是，不知即時展現才能或適當發揮專長，事後再懊悔，已來不及補救，只能等另一個機會，可惜人生機會不多，一生可能只有一次，當機會消失已註定一生的命運，有人說不怕懷才不遇，只怕遇而無才，如果事先放棄，豈不是人生最悲痛的事，因事後任何說法均毫無意義。另一種誤解謙虛的人，表面謙虛，裡子卻機關算盡，誤以為天下人均可操弄，但不知自己低估別人智慧，其實自己才是不折不扣的白痴，表裡不一致的謙虛，會讓人有心機深重的感覺，成了一個典型的偽君子，人人敬鬼神而遠之，當人人迴避時，人生也如同事先放棄，那有機會一展才華，當不被尊敬時，才華也會被污名化，反而成了最沉重的負擔，與第一類人同樣悲慘。

因此謙虛不是一成不變僵化的法則，而是成功與失敗的指南，事先放棄已註定失敗，也就不必懊惱，謙虛者如能被尊敬被擁護，必是一個事事虛心請教，能納百川深不可測令人景仰之人。他不必事必躬親，能事事協調且能擔任仲裁者，才能令人願意跟隨效力，形成一股龐大的力量。謙虛者絕對謹言慎行，不露鋒芒，因為謙虛故身段柔軟，生存空間廣大，因不遭忌，則能廣結善緣，人生一切阻力必有助力協助化解，福報綿綿，自然功德就比一般人大，周遭人也同時受惠，形成良性互動，互蒙其利。

一個人成功三項因素不可少，努力、機會、運氣，有些人一生努力奮鬥，但若無機會，只能居在一隅鬱鬱不得志，全部歸咎於運氣，其實機會要找尋及創造，絕不能守株待兔，茫茫人海芸芸眾生要出人頭地，要力爭上游，絕對要自我推銷，努力找尋任何可能的機會，如果不與人爭鬥，除非已了悟「空」的真諦，人生也就不必在意得失，因一切都自我看開了。

一般人對謙讓都朗朗上口，但忽略了自己是否有資格展現，因謙虛不是自我認定，而是他人的觀感，竹子長得夠長才會彎曲，鳥要飛得夠高才會顯得渺小，如果自己還一無所有、一無所成，對目前的處境還不滿意，就必須如叢林的幼苗，抓到機會努力攀升，出人頭地才能擁有陽光才能向下紮根，形成一股自然的力量，否則永遠處在陰霾下，甚至淪為別人的肥料。因此謙虛的展露，其實建立在默默的耕耘、默默的努力，建立一股不可逆的氣勢及力量，因為足以表帥，才能展現謙虛的美德，才有資格讓人評頭論足，讓人景仰及學習。

三餐不繼那有能力施捨，必先擁有，這與親人相處截然不同，如將孔融讓梨，與人生奮鬥扯在一起，將一無所有，因讓梨先決條件，梨從何來？有才能讓，因此謙讓這項美德，必須建立在有無之間，無論是自我認定或他人觀感都必須有相同的價值觀，其實正確的價值觀是當仁不讓，人生當非巧取豪奪，也不能不仁不義，但絕對要認清有才能施捨，有才能貢獻，當一無所有任何事都成了幻想，人不能生存在夢裡，現實社會中，真正的價值是對家庭、社會能提供正面的功能及能力，能力愈大，功能愈強，家庭、社會才會正面運作良性發展，因此對謙虛及謙讓要有正確的認知，才會找到正確的生活方向，謙虛及謙讓最寶貴的定義是能帶給別人多大的利益，足以令人景仰及分享，而非個人認定的獨夫思想。

謙虛在現實競爭中，往往因個人的慣性思考及性格，在關鍵時刻自然流露，造成誤用及誤判。

謙虛必須建立在平等的基礎上，如果地位財勢不對等，尤其弱勢一方，如同向上攀附權貴，容易以小事大，容易造成以大欺小，謙虛與不知應對進退同意。

只有在同一台面、同一基礎，追求共同目標，能有相互制衡的實力，或相互之間沒有利害關係，才能講謙虛。否則利益不同、目標不同、政治立場甚至宗教信仰不同，在相對競爭及勢力消長之際，謙虛與放棄如同意字。

同在上位者，謙虛是一種風範，形成一種形象，而不能做為行為的依歸，主事者可以不怒，但不能不威，不威則不嚴，如何推動工作，無威嚴者，會令人有軟趴趴的錯覺，得不到別人尊重。謙虛只能當做領導統御的一種藝術，因放下身段，禮賢下士，會令人感恩圖報，真正目的是要人賣命。

如雙方地位權勢財富懸殊，在下位者想以謙虛贏得尊重，如同緣木求魚，反而當仁不讓，才能顯示勇於承擔的氣勢。因雙方在不平等的狀況，即無真實謙虛可言，過度展現會令人誤解另有企圖，反而容易招致羞辱。有利害關係，謙虛是不容存在的，如果有只是一種表象，一種手段，不是真實的。

在政治舞台，謙虛代表缺乏企圖心，甚至軟弱無能，有退卻的打算。商業競爭，謙虛代表缺之信心，實力不足，如同放棄。競標作業，謙虛代表沒有贏的野心，虛晃一招，或在參與圍標，榮譽競賽，謙虛代表志在參加，提前接受失敗。甚至宗教信仰的傳播，謙虛就被替代，甚至消失。

第十章　正直／一廂情願

　　正直是一項智慧，絕不是自我標榜的行為，正直真實定義是自我認定及啟發他人，具有相同的價值觀，而產生相互信任的互動模式，因此正直絕非孤芳自賞，而是必須與人互動，正直是一種價值觀，一般家庭及學校教育告誡，以誠實為貴，待人處事必須以誠相待，事實上也應如此，問題如果將這樣行為準則加諸自己，形成一個自我為中心的思考模式，自以為是而忽略互動的對象與客觀外在環境，會將自己處在險境而不自知，互動的對象包括個人及團體，相互之間都有不同的原因及目的，這些原因有顯性的，也有隱性的；顯性的互動有合作性，也有競爭性，有利害性也有非利害性，因明來明往，肝膽相照，正直是最珍貴的特質，也是最明銳的武器，形同成功最佳保證，無論互動個人或團體，都是最受歡迎的對象，但可惜大部份都是隱性的，隱性互動也有合作性及競爭性，也有利害性及非利害性，有些出自本身的考量，也有出自對方的意圖，正直就成了一項智慧，自我標榜反而會弄巧成拙，彼此互動並非一成不變，有許多本身或對方無法預測的變化，也有許多不可抗拒的因素，這些變化及因素，有些是當初考慮不夠周詳，也有第三者的介入，也有大環境的變化，因此自我堅持的正直，就如同一廂情願，形成自我陷入無法脫困的漩渦，正直如同固執，毫無意義。群居社會不能忽視就是現實環境，適者才能生存，有其現實面與殘酷面，無法迴避也不必對抗，只有生存者才有參與競爭的權利，才有繁殖延續的機會。

互動最基本要弄清彼此處境，才能了解彼此成長過程，生活空間、工作環境。如同幼兒教育，師長做好身家調查，才能做好教育的工作，何況錯綜複雜的成人，了解對方處境，就算要施予援助，才能知道需求從何處下手，同時也要了解自身的處境，才有平等良性的對應，否則相互偽裝，只求達到目的，絕非良策。

個人的考量與他人的意圖，也是互動不可忽略的因素，個人考量必須基於害人之心不可有，防人之心不可無的原則，也可過濾對方的意圖，將所有隱性儘可能予以透明，才能去除彼此的偽裝，坦誠相見成就雙方的目的。如相互都有隱瞞，形同鉤心鬥角，失去互信基礎，即失去互動得意義，無法共識如何成事。

外在環境的變化也是互動最大的隱憂，這些環境有人為刻意的改變，也有無心之過，也有自然的變遷，大部份都不是預料中之事，如雙方不改初衷，相互體諒因應變化，但如身不由己或見異思遷，無論彼此都與誠信正直原則衝突。

正直就必須能保護自己，不得不依環境變化而改變。

無論是相互處境、相互意圖及環境的變化，互動一定要選擇對象，知易行難，最難克服是人性複雜性，經常一錯再錯，無法原諒自己，因此最簡單原則是物以類聚，才有相同思考模式，相同的語言及相同的價值觀，就算傳教士或開拓者，也要有涉外及涉內的基本觀念，錯誤的對象，不但不能成事，反而帶來麻煩，不但浪費時間物力，甚至帶來傷害。

互動更要深入了解互動對象生存的本能，每個人生存環境及從事行業會影響一個人的行為，這種行為有些屬本性，也有受環境所迫，結果都一樣，如一視同仁，會帶來極大困擾，因不同的人要有不同的對應，那些是草食性、溫良性，那些是肉食性、凶殘性，必須知道如何對應及迴避，這是一種判斷，一種保護自己的行為，千萬不要與正直誠信綁在一起。

在競爭環境中，個體與團體都有其不同的手段，這些手段是達成目標的方法。構想、規劃及策略都是工具，良性或惡性、正面或負面。無論出招或接招，都必須量力而為，前面講的一些基本理念，都必須納入思考，否則一旦互動，很難有迂迴空間，結局以成敗論，不得不慎。

正直之人最容易成了策略犧牲者，不知變通的性格，很容易忽略遊戲的規則及內容，在輸贏的過程中，被人摸得一清二楚，如同櫥窗內的商品，成了別人的道具、成功的墊腳石，這些犧牲，有些是具有某種意義，有些是毫無價值，甚至會連累無辜。

正直之人多屬正面思考者，而忽略了決策資訊的真實性或在毫無資訊情況下，憑本身的直覺做判斷，互動對方如屬同類型者，如同有默契一般，結果也如同所料，但對方是心機深沉者，或另有意圖者，正直者即成了被愚弄或被操弄者的對象，如為個人，結局只會令人惋惜；但為領導者，所影響的就非常廣。

因此正直者必須瞭解自己性格的特質，在現今複雜，人心難測的社會，有其脆弱的一面，任何決定之前，必須要深思熟慮，最簡單方法做多方諮詢，這些信息有正面也有負面，因此事前先自我盤算，是否需要事先就說「不」，或礙於現實或情面就要事先盤算，不怕一萬，只怕萬一，如遭逢當初預料不到的結局，能否有承擔或解決的方法及能力。

因正直者，多半自認為光明磊落，律己甚嚴，但寬以待人，在突發狀況或特殊情境，經常在狀況外，全依自己直覺堅持原則，行為完全脫序。

如小孩打架，對方興師問罪：

一類家長不分青紅皂白，當著對方面先責罵自己小孩，只忙著賠不是，有理變成無理。

二類家長怕事，擔心理虧，閉門不理，形同做賊心虛，任人叫罵。

三類心平氣和，先弄清事情經過，有理力爭，無理道歉，維護小孩自尊。

四類先問自己小孩打贏還是吃虧，有理無理，都維護自己小孩，反擊對方。

由於正直的性格，經常都是第一類及第二類家長，這對小孩一生都產生深度的影響。在兩陣營競爭或對抗之際，相互指責或互挖瘡疤，其目的不言而喻，令人扼腕的是，正直者律己的性格，會發揮的淋漓盡致，當對手出招時，他不但不會為自己陣營掩護辯駁，反而認為必須自責自清，形同附和對方劇本，隨對方音樂起舞，小錯成了大錯，有理變成無理，成了對手最佳助手，因正直者多半是陣營內德高望重之意見領袖，令人百口莫辯，整個士氣會崩潰，猛然發覺，給自己人致命一刀的人，竟然不是對手。

因正直者儘管學識豐富，但心中只有是非，只有事實，嫉惡如仇，立場鮮明，不懂變通，而且非常固執，在特殊情境，在關鍵時刻，往往成了有心者利用的工具，親痛仇快，也就不足為奇了，有這種同仁或同志那需要敵人？

第十一章　信用/是相對，不是絕對的，法理情的迷失

人生奮鬥成功關鍵是堅持信用，但弔詭的是慘重挫敗的原因也是誤信信用，為何因信用成功，也因信用而失敗，主要信用是相對而非絕對，待人處事

要信用才能建立他人的信賴，但相信他人也會信用行事，則是愚不可恕的過失。信用一般均以信守承諾為相對基礎，古往今來一言九鼎傳為美談，但必須一方相信，一方也信守，否則與一廂情願無異，任何狀況都不在預期下發生，令人措手不及或成了最後一個才知道的人，殘局往往無法彌補。君不見，多少事，如策略、手段、權宜之計，兵不厭詐，必要之惡或善意的謊言，均假借信用行事，信守承諾成了一種必要手段，因此信用必須由個人出發，找尋能符合相同性格者，才能整合或事先能評估，一旦變故能承受一切後果的氣度及能力，才不會有何必當初的慘痛教訓。

因信守承諾者，多半不是奸詐之徒，大多是本性忠厚善良或長期相處在一個以信守承諾環境中成長，把信用誤認為是放諸四海的普世價值，人人皆會遵守，而忽略必須對履行承諾的能力，做深入的評估，輕信誤判的結果，一發不可收拾，但千萬不要因為負面經驗而隨波逐流，不再堅守信用，而要去檢討為何失敗的原因，信用有三個不同的面相，即法理情，法的信用是一項處事的價值，理的信用是一項做人的價值，情的信用是生命的定義及價值。

信用是人處事成功的關鍵，也是最重要的資產，人無信用無法在社會立足，信用建立，經年累月，一磚一瓦或前人辛苦，後人乘涼，都必須謹慎塑造保護，因信用極其脆弱，一旦破壞很難彌補，甚至永久消失，可能一生只有一次機會，信用建立如此不易，但破壞如同戳破的汽球，一瞬間消失無形，沒人要蓄意自我破壞，但許多事出於無奈，無法預防他人的行為，群居的動物，形形色色必須對其中有意圖或某種利益的破壞行為有認知或預防能力。制度化是最好的工具，可避免因個人的主觀或疏失，造成災難，信用的提昇可建立眾多資源，造福更多的群體。因此必須以有效的組織及制度，嚴密保護，避免人的錯誤，因信用一旦破壞，週遭即變成無辜的受害者，往往求救無門，白白遭受池魚之殃。而肇事者也只能造業深重，愧疚一生。

理的信用也是做人的價值，更要慎重維護，道德經中「夫輕諾必寡信，多易必多難，足以聖人，猶難之，故終無難矣」，信用必須建立在相對基礎上，否則不存在，單方輕易承諾，信用基礎不夠紮實，如果輕信承諾，可能會遭到預料不到的困難及災難。因此即使是聖人，對任何簡單輕易之事，也會謹慎而莊嚴去評估，以困難之事去面對，所以到頭來，天下事也就不難了，因此對信用與輕諾要有透徹的認知，尤其在政界及商場，事事以成敗論，尤其位階愈高者愈要小心，爾虞我詐的現實環境中，多重查證及多方考量，必須時時銘記在心，因誤信信用或誤判信用，會帶來麻煩，令追隨者及周遭者，成了無辜的受害者，儘管在位者的格局及氣度重視承諾，但必須事前考慮到萬一的狀況，世事難料，許多事往往不是事先能預料的，其中涵蓋太多因素，我們可以對過去的事，做相當判斷，但絕不能對未來的做必然性的決定，我們自己對明天都不能做決定，何況他人臆測，期望都是空相，時間愈久愈難掌握。

人情的信用人性最脆弱的一環，人情世故，尤其人是感情的動物，一切道理均可拋在腦後，還能創造出一堆似是而非的道理，無非是要替結果找個理由，為愛情海誓山盟，為朋友兩肋差刀，犧牲小我完成大我，問題是人又是群聚的，對家人、對社會互動是生活最重要的因素，不能是與個人獨夫的思考去從事，所有的互動必須屬良性的，互助、互益、太單純的激動，理性必然不存在，如承諾不能建立在互信基礎上，一方必然承擔麻煩，小到家庭，大到團體甚至社會。

信用令人成功，也會令人失敗，最終關鍵還是性格特質，與信用無關，因不能單純歸功於信用或歸罪於信用，人生如戲，什麼樣的性格才適合扮演什麼角色，無論先天或後天磨練，都要有自知之明，否則演戲者不知所措，看戲的人啼笑皆非，小者自己出糗，大者團體、社會、國家遭殃，再大的代價也不能挽回。

信用來自誠信的表現，包含個人及組織或團體，是對自我及他人信任的基礎，以誠信為基礎，一言九鼎，誠實無欺或一諾千金，絕不後悔，是成功非常重要的因素，但關鍵在以自我性格所展現的風範，而不是相對之間的約束，或單方面的期許，尤其不能在實力或地位懸殊，雙方不對等的交易，談判中相互要求共同遵守的遊戲規則，只有在不求於人，自己有足夠力量去主導過程，有絕對能力去承受成敗的條件，才能堅守自己的風格，要了解時空及情境不是永恆不變的，因此沒有永遠的朋友，也沒有永遠的敵人，但永遠不變的是利益，當利益結合敵人會變成盟友，利益衝突之際，朋友也會變成敵人，如果我們不知道明天會發生什麼事情，今天的承諾只是一個原則，堅持不變是不現實，甚至沒有太大意義，個人如此，團體如此，國家也如此，一旦利益產生衝突，維持各自的利益，會成為神聖不可侵犯的天職，為你有我無，你死我活，各自為不同立場背水一戰，朋友變成敵人，甚至親人也變成仇人，以往的面孔一瞬間變的陌生，醜陋不堪，無法找到適當言詞形容，剩下的只有悔不當初。

現實社會中也有一些人，披著善良的外衣，戴著誠信的面具，矇騙方式去爭奪利益，雖然遲早會被揭穿為人所不齒，但受害者早已埋骨荒郊，這類人把誠信當作工具，不擇手段只求達到目的，心中沒有信用這兩個字，如果以誠信為出發點相互合作，爭取共同利益，如同羊入虎口，就算僥倖掙脫也只剩半條命，如果受害，成了有眼無珠的白癡，不但自己後悔莫及，也得不到他人諒解。

不講信用而失敗是罪有應得，而自以為是守信用而失敗則是咎由自取，都怪不得他人，因講信用而成功必須有充分而必要的條件，不能把自己框在一個主觀意識中，而必須用同樣的尺，去衡量對方，是否也處在相同的處境及相同的意圖，不能以己度人，寧願步步為營，小心謹慎，先小人後君子，不能大度大量，輕易承諾，弄得最後君子變成小人，尤其身負重責手握權力者，不能把信用當作自己的形象，而是把信用成為能否維護最高利益的指導原則，以最後成敗，當作依歸及自我的使命。

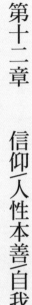

第十二章　信仰/人性本善/自我束縛

人性本善或人性本惡，因人而異，均有其淵源，善惡各有果報，任何信仰都有其基本教義，但待人處事，尤其握有資源的主事者，不能消極以因果論去因應處理，人非聖賢，必須盡人的本分，對人、事、物必須有一套依循的準繩，而不是自我為中心，形成自我束縛，面對一切的問題，僅是求神拜佛，求諸神明或尋求卜卦，而無具體解決辦法，如同一籌莫展。

信仰可幫助一個人成功，也會因信仰形成特殊的性格，與世事格格不入，大部份信仰都是誘人向善，但一旦融入或參與活動，必然心有定見，一切行為都有軌跡可循，相同信仰的人處在一起，有相同的信念，即有相同的語言，心靈相通，溝通無礙，但也會因與其他不同信念的群體因誤解，形成對立，小到排斥，大到爭鬥，因此做人處事必須謹慎，不同信念的人，不能以同類的理念去共事，均應事先評估推測可能的結果，如果有疑慮，必須當機立斷去做決定，善惡因果，均是事後檢討，在位者不能以此思考去嘗試或冒險。人性本善未必有善報，人性本惡亦未必有惡報，尤其在成敗論的現實世界，只有成功者才有權力、才有資格去論斷功過，不能以自以為是的方式冒然從事，自認為善者，如失敗肇禍造成損失或災難，成了過街老鼠，人人喊打，但原以惡念計謀而成功者，除非惡性不改，如能立地成佛，豈不更令人欽佩。

心存善念者為何容易失敗，原因無他，一廂情願，認為別人的思考價值觀，甚至習性及風格與自己相同，而失去了應有的防備，害人之心不可有，但防人之心絕對不可無，如果處事失去防備的基本觀念，可以夜不閉戶，本身成了引誘犯罪的禍首，一旦造成事故，再自圓其說，在他人眼裡是不值得原諒，甚至令人厭惡，人性本惡有時未必事實，有些人做壞事或肇禍，可能是無心之過，可能是身不由己，未必是本性，有些人陷入深淵無力自拔，有些尋求替身掩蓋過錯，嫁禍於人，有些人因一錯再錯，尋求彌補的機會而不擇手段，有些人本身心神錯亂不知所措，有些人因環境所迫鋌而走險，有些人因自卑而形成自大，傷害別人，有些人想一展長才而用錯方法，有些人遭人連累百口莫辯，有些人本性不壞只想出人頭地但方法不對，如造成別人傷害就是惡，造福他人就是善，這與人性未必是絕對的原因，而是與結果成了必然的關係，人性如此難測，也就不難了解，因此為何防人之心不可無，待人處事心存善念，會受人尊敬，且帶來福報，但必須看透及認清環境及對象，才能防範未然，才是真智慧真慈悲，現實社會中能造成社會問題者，多半在上層及低層，一般中產及中層階級者，比上不足，比下有餘，只要知足是社會穩定力量，但高層階級貪念及現實的殘酷會不擇手段，而下層者，因也同環境所迫，價值觀頓失，也會不擇手段。

因此在奮鬥成長的過程，要迴避這些非自我能掌控的因素，才能避免失敗，如以自我思考去判斷他人的行為模式，如同自我束縛，會自投羅網，比不設防還可怕，許多災難就這樣造成的。

信仰會產生心靈的依託，人最好有信仰，無論哪種宗教，都是揚善去惡，談人性本善或本惡，只是一種人性的分析或分類，天堂或極樂世界，是善者及修為的歸處，但大部份在六道輪迴或去了地獄。我們如陷入糊塗，無法認清事實，而成了受害者，再咒他人有惡報，毫無意義，因自己無智慧預防，成了共業，甚至罪深一等。

正面信仰即有正面的群體，彼此亦可規範思考方式及行為，平常時可清澈思維，在浮躁中亦可得到平靜，這是功利社會身心靈最好的休息及補充能量的地方，除非聖賢，一般你我都是凡人，有其想不通，也看不懂事情，也有無法預測的結果。

在詭譎多變莫測的現實社會，許多恩怨糾葛，來自「無明」，無論你人生歷經多少磨練，擁有多麼的自信，此刻如同愚昧無知，會產生一些莫名奇妙的思緒，做出令人匪夷所思的行為，因而產生無法收拾的局面，事後反省檢討，痛徹心扉，對身心產生極大的傷害，走不出夢魘，思緒混亂，無法面對事實，因而不知如何去解決問題，容易走上極端，在進退維谷之際，宗教會是你最好的避風港，會協助你找到平靜，修身養息，重新站起來，人在得意之時，自以為無所不知，無所不能，視宗教為迷信，頂多只是抱著寧可信其有不可信其無的心態，除非天生慧根，多半在受到挫折才體會，只有近乎聖賢或白痴，才能免除人生中所有困惑，人生知識經驗，只侷限於曾過目及曾走過的路，此外，全是陌生的迷津，其實我們每天早上醒來就走入另一個陌生，對無法預知的未來，如同初生之犢，以藝高人膽大幼稚心態，執迷不悟地在茫然中度過，平順為有福報，跌跤則劫數難逃，大禍臨頭則無一倖免，我們對福禍一分為二，不明白福禍存於一念或一心之間，「禍兮福所倚，福兮禍所伏」，不能對福禍妄生僥倖，福大命大固然得意，但人生不如意十之八九也得接受，尤其在困窘中，對人對事都不能生怨恨，雖然很難控制，盡量降到最低程度，因怨恨不但無濟於事，是一種自殘行為，最大傷害者是自己，人在困境中，如墜入深瀾，無法接受突來的意外，愈掙扎愈疲憊愈無生機，只有靜下來才能浮出水面，呼吸到空氣才能浮游，蓄精養銳才有一線生機，平靜才能延續生命，否則一切都

一般你我都是凡人，
有其想不通，
也看不懂的事情，
也有無法預測的結果

結束了，因此無論你是學佛修道或信基督或信回教，在沮喪疲憊陷入癱瘓時刻，讀經念咒、修禪打坐或祈禱，都能找到指引，產生悲憫的心情，了悟累世的業障迴避不了，是要面對，是要化解清除的。

第十三章　誤解信任/授權如同棄權

建立一項功業及任何活動，團隊是絕對要素，團隊如同珠串，任何優秀的個體如同珍貴珠寶，關鍵如無信任這個絲線，即不能成事。一旦建立互信基

礎，自然產生向心力歸屬感，團隊自然產生力量，這種信任不是單單從上而下，而是雙向的，包含對領導的信任，對共事者的信任，對部屬或跟隨者的信任。對領導者信任，你才會深信不疑或去投入、參與、貢獻，對同事的信任，才會毫無保留相互支援及協助，形成優勢互補，對部屬的信任，才會充分授權，令其全力以赴發揮潛能，團體才能凝聚成長。

許多成就者，當初都一無所有，只抱著一點希望，一點機會，全力投入，冒別人不敢冒的險，吃別人不願吃的苦，終於積沙成塔，但一旦成功都忘了這個過程，這種歷練不是一般人所能承受，用人之際，必須非常用心去觀察與思考，不可能有願全力以赴，又無企圖心，又不必制衡的人，畢竟負責人與部屬的思維，因負責成敗的責任有極大的差別。

用人不疑，疑人不用，是許多人具有氣魄的說法，但實際上先要認清人，才能如此做法，如認人不清，一開始就錯了，豈不一錯再錯，終致不可收拾，用人惟才，許多人也愛才惜才，精明幹練的人總會出人頭地，但人才要先認清是英才還是陰才，因兩種人都非常能幹，但心機不同，性格也不同；英才者，能力強、正直、心地善良、具使命感、始終如一，陰才者，能力強、心機深沉、具有私心，為達目的不擇手段，前者重用如虎添翼，後者如放在重要位置，很可能種下禍根。

人在成長過程或升遷過程，會因職位提昇見識增廣，或環境變遷，改變人的思考，也會從當初英才變成的陰才。這種改變，會因受物質的引誘，權力的慾望及交往者影響，將原有的價值觀及堅持變質，因此信任絕非放任，在每一階段都要重新考核，不能以當初的認定，任其發展，尤其在一個成長的團體，這類例子太多，不勝枚舉。

人最難克服就是權力慾，握有權力者，很難放棄，權力也是成就感最重要的基礎，失去權力，財富地位即失去保障，顯得毫無意義。權力的追求很難自制，如屬狂人，則不可收拾，一般人或多或少有此傾向，只是當他必須順從時，隱藏不顯現而已，但一朝有此機會，你會發覺他已不是原來的他了。

人會改變另一個因素就是貪念，這是人性，必須用制度、規章、道德觀或價值觀去約束，有些人一生勤儉刻苦，畢竟鳳毛麟角，大部份人因社會進步繁榮，生活水準提昇，水漲船高乃自然提昇慾望，因此必須在不同階段，滿足不同的需求，養廉就是最明顯的方法，絕不能以防堵方式，因防不勝防。

人會改變，也會因時空及環境的轉換而改變原先的思想，尤其政治風向的改變或產品的生命週期，都會令人改變原有的選擇，我們可以說是時勢造成的，因此對忠誠要有重新的認識，並非一成不變的。我們一般對顏色、對使用物品、或衣服都有一定的喜愛度，這也是忠誠度，但隨著產品的改進，新產品的發明或流行，喜愛度都會受到影響而改變，在組織架構內也會有同樣的情形，除了有牢不可破的信仰，一般忠誠度必須建立在有效的管控機制內，雖不能控制每個人內心的思想及慾望，但在一定的規則下，不致失控。

因此規章制度，才是建立相互信任的基礎，在這基礎上形成的遊戲規則才能建立共識，如純以人性觀點相互信任，而忽略了人性的脆弱面或多變性，結局如非預期，應以平常心看待，許多事件如以詐騙定調，雙方一定會不歡而散，事實上，原先的承諾或想法，事先可能都有不同的意圖，匆促成事，事後才發覺事與願違，原因就是未在事先在共同認知的基礎上，設定應有的行動準則。

組織運作，必須建立在信任及授權基礎上，組織可以分工，也可以集權運作，依信任程度及組織政策調整，但組織必須紮實，運作也必須純熟，否則信任如同空談，授權亦如同棄權，一個紮實及成熟的組織，才會形成組織文化，有了組織文化，才有共同的價值觀，共同的行為模式及工作默契。相互之間的思考及承諾是可以交付及可信賴的，在一定範圍內充分授權，不但如同分身而且還有加乘效果，如組織文化尚未形成之前，輕言信任，如同交淺不能言深，信任的結果很可能與自己的期望相差極大，原因是每個人成長的環境不同，以往習慣所形成的觀念，牢不可破，這種習慣形成的觀念影響一個人的行為模式，這也是社會上形形色色的因素。這種行為模式形成每一個人獨特的風格，如屬相似則物以類聚，如不相同很難相處，這種風格有些是顯性的，有些是隱性的，因此不深入交往或長期觀察很難了解。因此信任必須建立在相互了解上，有了解才能決定授權的程度，才能真正發揮組織功能，在快速變遷及激烈競爭環境中才能產生相同觀念及前進的力量。

堅持信任者，多半是以自身的價值觀及目前境遇認定，但價值觀並非普世皆準的，依家庭環境、經濟狀況、教育程度、宗教信仰、政治傾向甚至利害關係而定，如不同風俗習慣所形成的文化差異，必須相互了解異中求同，才能有良性的互動，單方認定是不切實際。因追求的目標因人而異，不同的思考會產生不同的方法，不同層次會產生不同的階段，不同的目標會走向不同的方向，當預期的結果實際上有相當大的差異時，如僅僅失望可能是最輕微過失，如措手不及局面無法收拾，可能造成嚴重的傷害，信任在親人、朋友、合伙關係或上對下或下對上位階之間都不同定義，尤其在商場或政治舞台，信任往往抵擋不了世俗的誘惑，這是人性，不能不慎。

第十四章　不善協調/混亂根源

事情成敗最大的資源在於人，最大關鍵也在於人，因此要成事必先用對人，一件事由不同的人處理，結果截然不同，問題出在處理人的協調與整合能力，協調整合四個字人人都懂，但也最容易疏忽，小到家庭，夫妻能協調家庭溫暖美滿，團體能協調整合，即形成一股銳不可擋的力量，其利斷金，國家能協調整合，風調雨順，國泰民安，因夫妻無法協調即同床異夢，摩擦不斷，度日如年，家庭如不和諧怎能長久，這個情緒還會延伸至團體、社會及國家，因此家庭和諧是整個社會安定的基盤。

任何團隊如缺乏協調，則各個以自由心證做事，個人意願取代整體方向，個人生涯規劃凌駕整個團體發展目標，則大小事均需耗費時間去溝通，形成不必要的學習成本，形成內耗，是團體最大的經營成本，小到阻礙團體正常運作，大到團體崩潰，形成社會問題。

國家如缺乏協調，利益團體對立，政黨對立，私慾假借謊言欺騙大眾或製造意識型態，將政治目的弄成政治信仰，利用人性的弱點，愚弄盲目的跟隨者，國家怎能國泰民安。因此不善協調即行政混亂根源，失敗原因，領導者及幕僚，決定要頓悟這個事實，協調性取決個人的性格，親和力愈高的人，協調性愈好，愈孤僻者，協調性愈差，因此對本身性格的自我認知及對他人的瞭解要事先分析，絕非難事，如瞭解自身的缺點，同時瞭解共事者的性格，應用相互的優缺點去彌補缺點，形成優勢互補，即不致事後再怨天尤人。

但協調往往與妥協混為一談，認為妥協就是協調的結果，這是大多失敗主因，也是失敗者的夢魘，誤認容易妥協就是容易協調，會落入兩個陷阱，一是個人妥協如同事先已放棄立場；另一是對方未認清事實，過於軟弱，對於自己及對方，協調只是暫時的妥協，並未真正解決問題，因暫時的緩和並非深入問題，一旦問題復發，會更嚴重更複雜，甚至牽扯誠信問題。

經常看到的實例，是本身未認清事實或誤判現況，或基於一時需要及目的，雙方協調結果，其實並未解決問題，另一情況，對方基於無奈或自己有相同誤解，事後都會反悔，協調即失去真正的意義，更糟是自己設局引對方陷入，或自己落入對方所設圈套，都毫無意義，因此協調絕非一時妥協，而是在異中求同，了解相互需求，創造雙贏，因協調性差是指協調結果，並非協調過程，心機深重、機關算盡者、手段高明者、表面上姿態柔弱，實際上是深藏禍心。因此協調絕不能不先深入了解對方的處境，因了解對方的處境，就能洞悉對方的立場，由立場可了解其終極的目的，這與站在對方立場思考問題異曲同工，無論政治立場或商業立場、談判立場或其他目的，均可事先了解其思考模式，工作程序及可能的最終目標，如無這種認知，思想分歧或各懷鬼胎，協調僅是浪費資源及時間，因此在協調之初，必須將雙方的立場及目的表明，以避免不必要的猜測，如不能事先做到，只能試探而不能深入探討問題核心。

協調另一陷阱，就是雙方太容易達成承諾，而未深思熟慮能否履行，因太多的變數，難以預料，無論自己或對方許多非人為可控制的因素，承諾都會淪為空談，因此協調的真正目的，僅是達成共識相互了解彼此的需求及困難，哪些可以相容、哪些必須迴避，免除不必要的爭論及衝突，因此協調是尋求合作的契機，是資源整合創造綜效的必須過程。如果不經協調就直接合作，結局好壞全憑運氣，萬一是不相容的程式，如何結合在一起。

因此不善協調並非指人不夠圓滑、不夠親和力，而是方法及方向錯誤造成的麻煩，因此圓滑及親和力只是協調的敲門磚。思考絕對要周密，方法要正確，才能達到效果，否則愈協調愈混亂，事後再檢討再怪罪均於事無補。

協調能否成功，取決雙方能否互惠，這種互惠要實際而非空頭，最好能同時感受，因協調不是談判，談判的一切技巧，一般受過訓練者都能理解，如以談判方式協調，必會拿捏不準應扮演的角色，也容易造成誤解破壞互信，因此無論實力如何，必須平等對待，不能乞求方式，也不能有施捨的心態，否則任何協調都暫時的表態，一旦過程中受到挫折，很容易轉換成屈辱或不甘。基本思考，事先就要弄清楚協調的雙方想法，不能以協調方式先收編或依附，也不能做招降或投誠的工具，因這根本不是在協調。

第十五章　資源整合差/事必躬親/疲於奔命/事倍功半

事必躬親是許多關鍵問題克服關鍵，也是許多名人及成功者告誡世人成功的鐵律，但事必躬親絕對要與資源整合融合，否則即成了匹夫之勇，獨夫之見，資源是人最珍貴的資產，很可惜只有極少數人知道要怎麼活用，許多成功者並非三頭六臂、聰明過人，而是領悟團隊的力量，這股力量即靠資源整合而成，資源整合是任何計劃最重要的步驟，也是成敗重要的關鍵，事關力量能否有效運用，能否產生綜效，發展最大效益，資源整合不管組織規模大小，先從內部開始，千萬不要捨近求遠，內部資源如同火苗，運用發揮有時超過預期及想像，長期相處，未必能充分了解各自的潛能。一旦有機會參與即能逐步展露出來，內部資源整合，最重要的就是共識，沒有共識無法產生默契，甚至會形成內耗，建立共識也是測試組織成員歸屬感、使命感、責任感最好的方法。沒有共識的組織，其成員的能力僅屬於個人而非組織，因此資源如同摻油的砂石，很難結合成堅固的混凝土，負責人必疲於奔命，這種組織即無存在的價值，內部資訊能有效整合資源共享相互支援，即形成一個紮實的戰鬥體，才能進一步與外部資源有效整合。

外部資源整合包括組織與個人，必須要建立在兩個原則，這個資源是內部所欠缺的，這個資源是能優勢互補的，這兩個原則必須事先弄清楚，否則不但不是資源反而會形成嚴重的負擔，外部資源整合有其階段性有其利害性，彼此應心知肚明，絕非相互利用，在資源整合過程，以策略聯盟方式，彼此利益方面一定要兼顧考慮清楚，避免誤解或誤會，否則一旦反目成仇相互造成傷害。外部資源整合有效運作，會降低組織學習成本，快速掌握商機，加速達成目標，不管是組織建立基礎過程，或是對外競爭過程，這種策略聯盟會結合一股龐大的力量，這種相互借力使力的方法，必須盡量公平及透明，相互必須確守誠信，如有誤解，必須取得諒解，才不致半途而廢，無功而返，其實外部資源整合最基本的概念，就是如何密切合作，合作的成員如同內部資源也要有共識，至少有共同的利益，才能有相同的方向，一旦鉤心鬥角，只有破局的份，何必當初，因此外部資源，無論是整合者或被整合者，都必須事先研判能否參與過程中可能的突出事件或可預料的結局，彼此能否接受，一旦不能預期，立即終止，以防傷痕擴大避免不可收拾。

無論內部或外部資源必須不斷開發，否則很難成為資源，最可靠最有效率的方法就是延伸，無論從內部延伸或從外部資源延伸，都是事半功倍的方法，這種開發或方式，最重要的關鍵要細心經營，才能建立互信，這是資源整合的基礎，有了互信才能推動互利的觀念，才有相互合作產生共同觀念及語言。

許多人篤行努力即可成功，因此忽略周遭的助力，形同獨自在黑暗中摸索，人生奮鬥亦如同登山，有了好的嚮導可節省許多精力及時間，在關鍵時刻，他人的一臂之力，可防自己粉身碎骨，適當時機適當的幫助對有些人產生一生的影響，因此從事任何事，一定要先盤算及周邊到底有多少資源可供運用，千萬不要自我封閉。

資源整合最重要的引線就是人脈，人脈有直接及間接的，同樣也要靠經營才能建立，最好方法待人以誠，且不求回報，日積月累即自然形成，絕不能玩弄心機，事事計較，因人脈要建立在互信的基礎上，才會相互欣賞，才會相互提供資源，有時一句話、一封信即能造就一個人或一個組織的一生，人脈如同自我的通路，豐沛的人脈如同掌握通路，無論是提攜人或被人提攜，都是應對進退待人處事的原則，只要相互尊重，會形成良性的循環。

許多人一生努力與人結善緣，但個性固執，遭到困難卻不開口尋求援助，獨自苦撐，形成資源閒置，甚至有些兒女對父母或父母對自己的兒女，都有這種現象，表面上是不願麻煩他人，但結局反而是帶來更大的麻煩，如同失火，除了自己投入也要立即撥打119尋求更專業更可靠的協助，如閒置這些社會資源，僅以自己有限能力嘗試克服時，往往造成的後果更難以收拾，遭到任何困難，首先要冷靜思考，如何自救加上外援才是上策。

資源不能閒置，但也不能虛耗，更不能錯用，資源如同燃料，一旦耗盡，在關鍵時刻將無資源可用，同時也不能不當使用，因這如同麻煩製造者，形同狼來了的寓言，真正需要時將得不到資源。

資源當然必定是資源，如找錯對象，資源會變成了火上加油的災難，原本能克服的問題，反而變成複雜不堪，因此在任何階段都必須認清一個事實，人不對任何事均不對，而事在人為，心機不正或正巧對象也在困難之中，絕對不是適當的資源。

資源整合必須以協調方式才能獲得最大功能，因此資源整合也必須考慮平等及互惠，如無法短時間互惠至少要平等，因只有在這個基礎上資源才能有效整合，相互形成一股力量，同樣如以乞求或施捨方式，僅成單方面的力量，可能會度過一時困難，但不能達到策略聯盟，優勢互補，創造雙贏或達到綜效目標。

第二部

浴火重生

第十六章　體認成功與失敗／平常心

何謂成功？何謂失敗？圓滿成就一件事，達到一個目標，完成一個人心願，克服一件困難，小到買到一張車票，大到選上總統，不論過程，只論結果，做到就叫成功，否則就叫失敗，成敗之間，待遇也不同，結局不同，甚至成王敗寇，相差很遠。成功者接收一切成果，囊括一切榮耀，敗者背負一切後果，承擔一切挫折，甚至全部的污蠛，成功與失敗，不僅個人，甚至影響整個組織及團體，成敗常在一念之間、一線之間或一瞬之間，結果截然不同。

業務爭取成功即準備享受成果，失敗必須評估承受損失的程度。

公司經營成功獲利成長，失敗即面臨倒閉。

工程成功即造福人群，失敗即造成災難。

民主社會，個人競選成功即宣誓就職，甚至魚躍龍門，失敗就得修身養息，甚至避債。

政黨成功即獲得政權，成員封官進爵，敗者可能面臨清算，成員各奔前程。

國際合作成功即策略聯盟，共享利益，失敗即邊緣化，可能面臨對抗或戰爭。

同樣手段，成功者叫高明，失敗者謂低劣；

同樣方法，成功者叫謀略，失敗者謂陰謀；

同樣態度，成功者叫謙虛，失敗者謂無恥；

同樣謊言，成功者叫善意，失敗者謂惡意；
同樣笑容，成功者叫暢懷，失敗者謂奸詐；
同樣淚水，成功者叫高興，失敗者謂悲哀；
同樣美，成功者是西施，失敗者謂東施（效顰）；
同樣醜，成功者是自然，失敗者謂作怪；
同樣友善，成功者叫真誠，失敗者謂虛偽；
同樣錯誤，成功者被遮蓋，失敗者被揭發；
同樣行為，成功者總是對的，失敗者老是錯的；
同樣挫敗，成功者是妥協，失敗者謂投降；
同樣援助，成功者是雪中送炭，失敗者謂錦上添花；

以上僅列舉一些一般人的觀感，任何事成功者會被正面解讀，失敗者即被負面評價，這並非玄理，如不是生命翻滾一回，嚐盡其中辛酸，很難體會，也很難用三言兩語表達清楚。如果成功之際不謹慎，得意忘形，一旦挫敗，突然發覺原來的舉止，全成了挫敗的原因及證據，如同冰箱內的新鮮蔬果，拔掉插頭或斷了電，一夕全成了腐臭的垃圾，這就是人生。

一生平順，從未遭到波瀾，這是前世修來的福份，如自認平淡也是一種領悟，如感乏味，那就成了遺憾，許多人在福中不知福，不懂也不珍惜什麼叫平安，一句相互祝福的話，「祝一切平安」，平安是多麼難得及值得珍惜的福份，如不在波濤中翻滾，有過期待平靜的心情，是難以體會的，如身遭不幸，身陷波濤，經得起大風大浪而得以存活，歷經他人所未曾有的經驗，成為一生最大的資產，其所形成的能量，足以面對任何困擾，任何苦難，如能將吃苦當作吃補，享受痛苦，憂鬱、煩惱上不了身，則一切挫折全難不了，屈辱也傷不了你。

其實社會許多真實面，只有在挫敗時才看到，才體會得到，因許多面相，在成功時會被熱情所遮蓋，人的喜怒哀樂是受情境所支配，許多面相是隨情境展現，因此不必太在意自己的處境及他人觀感，有不一樣的感受，一旦產生原先預料不到的變化，本屬自然不必太介意，否則周遭幾乎全變了色調格格不入，人生會陷入消極甚至絕望。

人遇顛簸才體會路途不一定平坦，遭逢硝煙彈雨才看清盜獵者的猖獗，人性有時候真像玻璃帷幕，所看到的都是反射的影像，看不透幕後的一切，如將

平安是多麼難得及
值得珍惜的福份

所看到的誤以為真，不但自己愚不可及也讓人扼腕。

人性展現真偽到底有多大，有人說一個實際的案例，有一位中古車推銷商，在家裡設佛堂拜關公，每天出門前一定燒三柱香拜拜，向神明表白，為了生活打拼，今天所發毒誓，均為謊言，先祈求神明保佑，預先懺悔，人性為求生存，善惡不分，為達目的不擇手段，多少商場上及政治圈內的運作，蘊藏多少真真假假、虛虛實實，全都是必要之惡，一般人甚至經驗老手都難以分辨。

帷幕後未必全然混沌一片，這位中古車推銷員，據說非常出色，中古車本來就有許多潛在問題，當然也有原車主保養極佳的車子，他只求交易成功，風險當然由買主自行負責，好壞全憑運氣，既然能將心路歷程告訴朋友，本質也有善的一面，社會其實就是這麼一回事，如同白晝黑夜、四季冷暖，並非一成不變，如果只依個人慣性思考，去面對每天可能突發狀況，結果與自己判斷不儘相同，一切後果好壞也只有自行承擔了。

因此在商場上翻滾，必須認清互動人的本質，一切成敗由此開始，所謂找對人才能作對事，這個人包含您自己、交往的客戶、你的合伙人、你的協力廠負責人、你的上司、你的部屬、你的朋友、甚至你的親人、那些人是你的資產、那些人是你的負擔、那些人是你的貴人、那些人會是你的煞星，有些人表裡不一致，你不一定能察覺，好同學不一定會成為好工作伙伴，好朋友不一定會成為好合伙人，因情境不同，心境也會不同，一旦產生利害關係，親人也會反目成仇，人與人相處，心隨境轉，同時境也會隨心轉，有時候你對人心失望，這是常事，隨著教育、環境及年齡，多少都會改變，學佛者說五毒，貪嗔癡慢疑，起心動念之間，原本熟悉的面孔，突然變的不可思議，當身不由己時，更難以認清原本面相，我們一般凡人，沒有智慧去了解累世的因果因緣，只能學習保護自己，唯有保護自己才有能力去保護家人，周遭的親友及對你的事業，否則你自己就不是一個「對」的人，所有成功歷久不衰者，均有精狠準的特質，知人善用，擅長資源整合，且能調整個人慣性思考，心隨境轉，少了知識障，才能為人所不敢為，冒人不敢冒之險，不按牌理出牌，打破思想藩籬，異軍突起，成就事業，因此教育固然重要，社會經驗事上磨練更重要，否則教育程度愈高，愈容易鑽牛角尖，坐井觀天，堅持己見，自己成了自己最大的敵人，溫良恭儉讓的性格，必須在物以類聚，志同道合，同質性相同之環境及氛圍中，才能襯托出紅花綠葉，多元社會如同叢林，溫良恭儉讓成了毫無威脅及自衛能力肉食動物口中的肥羊，因此在為特定目標而競爭的環境中，理想與現實之間，完全沒有交集，自我堅持毫無意義，反而成了可欺性，慣性思考所塑造的溫良性格及思路，在弱肉強食的生態中，已註定弱者的宿命。

一般經驗認為「有理走遍天下，無理寸步難行」，在資訊爆炸時代，依不同立場，理為不同定義，可以各取所需。

只有立場，沒有是非，反而理不直，氣壯，最簡單的技巧就是模糊焦點，聲東擊西，顛倒黑白，如果自認為公道自在人心，事實不容扭曲而不做出敏捷的反應或反擊，則不知不覺中已被引君入甕，愈陷愈深而無法脫身，在第三者眼中，不動如山，如同麻木不仁，沉默以對，如同無知，事態嚴重再驚慌失措反應，如同無能，親痛仇快成了不折不扣的阿斗，面對心機深沉，籌劃及謀略成了吸引社會媒體的聚焦力量，聲音愈大，力量就愈大，待事態嚴重再匆促辯解，只有挨打的份。

要擊敗一個人，污名化及妖魔化，是最簡單的手法，儘管一般人也不會百分之百之間相信，但信者恆信，不信恆不信，不管對手攻堅的力道及功力，但已失去原有的信心及信任，相對而言，已達到對方的目的，這種不知不覺隨人音樂起舞，配合演出的無奈，正是個性使然。

以平常心來看成功與失敗，不但事前能看的清楚，在既成事實後也能淡然面對，無論成敗都要戒慎恐懼，因成功只是暫時未失敗，失敗只是一時未成功，成功的因素很多，有時勢所然，風雲際會者，有水漲船高，成了既得利益者，有無心插柳柳成蔭者，有繡球從天而降伸手所得者，有民心思變，眾星拱月者，有百般無奈打鴨上架者，有祖上有德腳踏黃金者，有眼明手快取而代之者，有天賦異稟，大放異彩者，有心血結晶造福人群者，有默默耕耘成了大豐收者，無論什麼原因，成功都要內心明瞭，創業難守成更難，不能得意忘形，也不能一廂情願，耗損得來不易的資源，否則不是曇花一現，就是成功成了失敗的起始。

失敗的原因也很多，有人在家中坐，禍從天上來者，有天災人禍不可抗拒者，有不食人間煙火，特立獨行者，有我行我素，不聽忠言者，有交友不慎同流合污者，有認人不清誤中奸計者，有剛愎自用咎由自取者，有粗心大意落馬墜崖者，有一廂情願成了陪葬者，有自以為善良成了犧牲者，有心腸太軟誤人誤己者，無論什麼原因失敗，都不能灰心喪志，尤其要珍惜人身難得，平靜下來，不怨天尤人，自我懺悔反省，只要度過難關，失敗就是成功的基石。

第十七章　危機處理的迷思/分析自我性格

挫敗後要如何善後，要靠危機處理，事關能否絕地逢生，不得不謹慎，

雖然挫敗是任何組織及個人要避免的，但不幸挫敗，如同突然遭到事故，驚慌

失措者多，冷靜者少，因成功經驗比比皆是，可相互效仿學習，失敗如同掉落灰色角落，很少人觸撞，可提供的經驗不多，而且失敗又不是什麼值得一提的事，大多令人詬病甚至令人討厭，難以啟齒，但要能重生，需要一些觀念及作法，否則永遠會淪落在社會灰暗角落裡。

公司組織及個人一旦挫敗，如同重症傷患，如何搶救？要理智、要清醒，首先要判斷是拖一天算一天，盡人事一步步走向死亡，還是努力掙扎克服一切障礙，一天天走向康復；前者必須忍痛割捨，也是一種重生，後者才將所有資源全部投入，只有存活才能浴火重生。

不過說來容易，實際執行非常困難，尤其具深厚感情或一生心血的結晶，如同親人，往往不到最後都不忍放棄，這時候只有感性，沒有理智，悲痛中無法清醒，這時候任何理性的規勸，不但聽不進去，無法接受，甚至會以咒罵回應，要等到無法挽救，嚐到苦果才會冷靜反省，往往大都後悔莫及。

因此危機處理，必須組成一個危機處理小組，不能由本人擔綱，因多半精神渾渾噩噩，哪能做出正確的決定。尤其割捨是一件非常痛苦難以決定的事，如同人體壞死部分，唯有切除才能保命，才有機會看到明日的晨曦，只有極少數人有此意力及勇氣能自己做，大多數人必須借助他人的專業及協助。

挫敗者首先要認清自己的性格是挫敗原因之一，可能不夠理性，因理性者不易陷入自我陷阱，理性者的挫敗不一定是真的挫敗，可能是一種策略，一種周詳重生的計劃。感性者反而固執，堅持己見，挫敗後還保持原有性格，一錯再錯，一敗塗地。

因此危機處理，能否親自上火線，一定要分析自我，否則不但解決不了問題，反而愈弄愈複雜，愈難以收拾，其實危機處理是不宜親自上火線，因感性者遇到問題，容易衝動，自認為無辜，能取得諒解，怎知一旦挫敗，如同風箏破損，很難再飛起來，面臨排山倒海的責難，萬夫所指，愈辯解誤解愈大，尤其被牽連者如同突發事故受害者，其憤怒如同崩潰的堤防，來勢洶洶，無法抵擋，因此安排專業有經驗的專家應對，將比自己處理更為妥當，當然專家要謹慎挑選，否則請鬼開藥單，遭落井下石，事情更為棘手，因處理問題的專家有兩類：一類是以解決問題為出發點，會協助渡過難關，處理過程顧全大局，行事透明，事事以協商為主；另一類以獲取公司殘值為著眼點，表面上是在協助處理問題，但行事風格，如同兀鷹，原本還有一線生機最後弄成死路一條。

因此危機處理既然不宜親自出馬，也不能所託非人，尤其在兵荒馬亂之際，的確是一件麻煩事，一般公司平常都有交往的對象，很少與特殊單位或個人打交道，嚴重缺乏這種資訊，一旦遇到問題，必定到處求救，也會向一些自認信得過的親朋求助，這時候會有兩種情況：一種是非常熱心，替你探聽或介紹一些有經驗的人來協助，這些人至少有人代為過濾，同時也不具壓力；另一種是其本身自告奮勇親自跳下來幫忙，人在困難中有人幫助，說聲謝謝都來不及，哪會拒絕，但問題來了，第一他有解決類似問題的經驗嗎？第二他有足夠的時間及能力嗎？第三他是一時衝動，事後會後悔嗎？第四他是言不由衷，表面應付嗎？第五他有你不了解的想法嗎？其實當面求助的人，絕非初次見面，對其生平多少有些了解，這時候絕不能被感激沖昏了頭，不能輕易答應，因第一類人，如有實務經驗，真是遇到貴人，否則愈幫愈忙，反而成了負擔。第二類人如能在需要時適當伸手協助，而且能真正解決問題，也是福份，如果其本身忙碌不堪，自身也泥菩薩過江，不能寄望；第三類與第四類如果只是說說而已，對他說謝謝就可以了，如果期盼援助，只有失望的份。第五類比較麻煩也要最留意，意圖不明是另一場災禍的前兆，人性本善或人性本惡，在這時刻一一印證，有些人真是慈悲為懷，儘管能力有限，也願意在精神上安慰打氣，使人倍感溫馨，有些人當然是少數人，表面上義憤填膺，幫你解決問題，其實他自己也沉痾難起，不但不能助你脫困，反而使情況變得波詭雲譎，讓問題更為棘手，請他幫忙，倒像是搬石頭砸自己的腳，哭笑不得，面對問題絕不能單打獨鬥，危機產生絕對有關鍵因素，此刻不是鑽牛角尖，就是進退維谷，或陷入泥沼無力自拔，一定要借助比自己清醒的人，因旁觀者清，才能從不同角度去分析突破，同時也可替自己預留迴旋空間，不致令問題僵化。

團隊不一定要組織龐大，而是要專業組合，危機產生原有組織必定鬆動，很難寄望產生力量，必須重新編組，必要時借助原組織所欠缺外來專才，才不致在原地打轉。

危機中人心惶惶，各種傳言，各種污衊言語，相應而生，原本懊惱之心，再加上怒火，很容易傷身，也容易喪失理智，做出不符常理之事，多借助宗教的力量，更不能躲避友情的關懷，如能浸入音樂或接近大自然，會沖淡這些衝擊，讓自己平靜，因只有平靜才能理出頭緒，才能面對事實，解決問題。

能浸入音樂或
接近大自然，
會沖淡這些衝擊，
讓自己平靜

第十八章　療傷止痛/自我調適

挫敗的傷痛無藥可治，只能自我調適，自我調適的過程，需要時間及環境。

挫敗的傷痛，不僅僅是自己而已，周遭牽連者，包含自己的家人、親戚朋友，甚至相關者，心境幾乎相同，只是輕重而已，絕對不能忽視，否則傷痛不可能平息，儘管遍體傷痕，也要投諸關懷，才能一起從挫敗中走出來。

尤其是家人，家是我們的避風港，家人是最好的支柱，當暴風雨來臨一定要相互依持，絕不能大難臨頭各自飛，但家人並不一定每日都緊密共同處事，認知上可能有很大的差距，尤其必須生活在一起，也可能有某些程度的誤解及抱怨，尤其無法用平常心面對他們周遭的朋友，這些都不能忽視。首先要讓他們知道真實原因，才能取得諒解，同時要讓他們知道問題正在解決中，整個家庭才不致陷入愁雲慘霧之中，如果家人齊心協力支持，將是最大的鼓勵及助力。

其次是朋友，尤其共同經營的伙伴，因為友情成了工作上無條件支持的一群人，當挫敗時支持愈大者，受傷愈深，最難過的是，無顏面對他們，面對責難，甚至辱罵，因辜負了他們的信賴，只有承擔及接受。但也有一些朋友，不忍指責，反而在旁協助、關心及鼓勵，面對這些人，雖默默無言以對，卻心如刀割，其痛楚如同傷口上擦碘酒，儘管難以忍受，卻是最好的消毒，癒合良藥。

相關者包含共事的同事、協力公司及支持者，長時間已形成共生及利益共同體，平常相互依賴，相輔相成，一旦主體遭受挫敗，如突然倒塌的房舍，全在一個屋簷下，躲避不及者，無一倖免，受傷只是輕重而已，如有死傷更不可收拾。

面對瓦礫殘骸，一片愁雲慘霧，撻伐聲四起，愈演愈烈，儘管力衰氣竭，嘗試解釋原因，都會被認為是狡辯，不足採信。此刻人性面充分顯露無遺。一些人奮不顧身，全力搶救協助；一些人成了圍觀者，事不關己，不但阻礙了救援，反而製造臆測、是非，形同攪局；一些人口頭幫忙，實際只是敷衍，令救援的黃金時間錯過；一些人表面義憤填膺，想出手協助，其實他自己也是泥菩薩過江，自身難保，令人哭笑不得；一些人貪婪心起，成了兀鷹，一些人可能原有宿怨，趁你陷入瀕死痛苦之際，再捅一刀洩恨。當怨聲四起，人性面淋漓盡致展露出來之際，動輒得咎，只能逆來順受，切勿心浮氣躁，才能絕地逢生。

肢體的傷容易癒合，心靈的傷痕只能用忍字抹去療傷。面對排山倒海的責難，是從未遇到的局面，再堅強的人也會變得脆弱不堪。如選擇逃避，創痕會愈搞愈大，傷害也會愈弄愈大，如一了百了，不但解決不了問題，留給親人難以彌補傷痛，也留給周遭人永遠的遺憾。

但面對事實，如同煎熬，難以承受，只能自我調適，除了親人、朋友的關愛及鼓勵，借助宗教的力量，可以找到安寧，尤其在心浮氣躁之際，以祈禱或念經方式，都能得到安撫，正派宗教都是規勸向善，有了信仰就多了一份力量。

尤其在煩躁纏繞，嚴重影響睡眠，如得不到適當休息，情緒瀕臨崩潰，如怨天尤人，會一時衝動，不是火上加油，就是搞錯方向，不但解決不了問題，反而惹禍上身，如憂心忡忡，不知所措，聽取錯誤資訊，企圖撇清關係，搪塞理由，不但得不到諒解，反而令人感到齷齪不堪，如自怨自艾，自認為是罪魁禍首，讓局面更沉痾難起，自覺罪孽深重，就會神智恍惚，跳不開輕生的魔咒。

因此人在挫敗之際，一定要找到平靜，在平靜中才能反省，才能理出頭緒。儘管一敗塗地，還可能有那些還未運用的資源，能成為再生的種苗，心存懺悔才會產生正念，引出贊助的力量。

進教堂及學佛都能找到安寧，「因果及因緣」，因瞭解因果，了悟業障緣起，就不會起怨恨，少了怨恨，業障就輕了，自然朝解決問題上走，終極目標，必然是正面的，如瞭解一點因緣，悟出世間一切現象，都是因緣聚合，是一時的，暫有的，總會過去的，就不會太悲觀，再體會人身難得，就會更珍惜生命，因留得青山在，不怕沒柴燒。要知道生命才是解決問題的根本動力，如果油乾燈滅，一切灰飛煙消，沒有了生命，一切都不存在，計較還有什麼意義！

為自己的行為辯解，如同睜眼說瞎話，卻渾然不知，這種致命的缺陷，如不自我修正，將無可救藥。生涯轉換必須大破大立，才能東山再起，包含自我的反省、調整及未來生存空間的突破。

自我反省及調整，最單純也最困難，長期養成的習慣，已經與待人處事風格，自我價值觀及性格合為一體，為生活的一部份，已成為本性，甚至沉痾已久，也不自知，如同有些人明知抽煙對自己及家人都不好，發誓要改，除非生命交關，非改不可，否則一改再改，還是難以抗拒煙癮復發。這種不經意露出本性，常影響人的一生，要改變及調整其難度很高。

挫敗的傷害，痛苦難挨，雖事出必有因，此刻則不能有恨，有恨必有怨，無論怨人怨天或怨己，不但於事無補，對自己卻是最大的懲罰，只會將傷口撕裂的更難癒合，怨人會想報復，令自己無法平靜療傷，衝動只會壞事，解決不了問題，怨天不公平，死生有命，富貴在天，何怨之有；怨己屬可憐，如果自殘，反而將傷痛留給至愛親人。

心中無恨，領悟世間一切皆由因緣聚散而有生滅，雖然對事實結果無法接受，至少不會太愚蠢，做出更後悔之事。因此生涯轉換首要關鍵，在檢討失敗的原因、過程，也要有自知之明，那些性格要調整，還是自己不適應在某些領域生存發展，這些都要務實，不能輕忽，人到轉捩點，就要徹底脫胎換骨，如做不到，就要尋覓新的領域，未雨綢繆，重新規劃生涯，否則一再反省，重複懺悔，這些都是事後的事，到此地步豈不惡夢連連，人生顯得荒謬不堪。

每個人頭上都有一片天，人的性格不同，才智不同，但能細膩剖析自我及掌握社會脈動，就能找到生存空間，不必做自己做不到或達不到的境界，才不致將自己放在虛幻理想之中，依自己能掌握調整的性格，依自己能力所及的範圍，從失敗中重新站起來。在新的生存空間，努力種植自己的一畝田，這種重新拾回自己重新建立自信的基本功，才能彌補因性格偏差所產生的傷痛，生涯轉換的空間很廣，如能運用原來的基礎，更能事半功倍，一旦必須重新再來，也要運用原來資源，因為任何一個種苗，一點火種，都是無可替代珍貴的資源，加上內心的調整，不必在意周遭的眼神，只要能熬過寒冬，待春天來臨，必定扭轉乾坤。

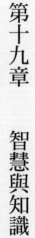

第十九章　智慧與知識

有智慧的人，不一定有豐富的知識，學識淵博之士，也不一定有智慧。因真正智慧不能用狹隘的知識範疇界定，有點知識即自認為擁有智慧是愚不可及的事，但人們往往不能突破這個迷思，十年寒窗努力求知，所獲得知識難道不是智慧，除非先天有慧根或學習中有所頓悟，智慧如春風、如夏陽、如秋月、如冬雪，對人性了然於心。

智慧是看透事理的能力，能頓悟事理的天份，是一種胸襟及氣度，不是一般所謂飽學之士所能體驗。這種理性、理智、頭腦冷靜的本質，才能看透人生，才能領悟事理。

因此知識可以一知半解，但智慧必須從內心發出，只能真實不虛，知識可以累積前人的知識，可以從不同角度去探討，也可依自己的立場爭論不休。智慧只有一途，徹底的領悟，有些人累世修為，天生就有智慧，一般人只能靠後天的修行，以修正自己的行為去求取智慧，也有不幸者因刻骨銘心的境遇，得到慘痛的教訓，獲得一些心得，這種慘痛代價，得到的領悟，也是一種智慧，遇到挫敗，不能倒地不起，一定要重新爬起來，才能重生，重生要靠智慧，才能控制自己的情緒，才能從煩惱中走出來，知識愈淵博，學問愈好，反而會把自己陷入知識障，愈會鑽牛角尖，由於心有不干，一切不會平息，沒有寧靜，怎會理出頭緒。

挫敗一定有原因，這些原因無論是自我造成或他人陷害，都屬業障，事先沒有防患，事後追究沒有意義？挫敗所造成的心靈創傷，比肉體更難處理。個人受傷，只是個人痛楚，但挫敗牽連一堆人，那種不可承受之重，不可接受之痛，無法言語表達，必須以智慧來化解。智慧在困境中，有時無法啟發，多找善知識請教，多借助賢達的智慧，這些良師益友，在你坐困愁城之際，多聆聽他們的忠言，往往能在關鍵時刻調整思維，從一片愁雲慘霧中走出來。

人遭挫敗會陷入茫然，看不清眼前的一切，對未來無法掌握，也缺乏自信，因此求神問卦，絕非迷信，也不是什麼羞恥的事，借助宗教的信仰及老祖宗的智慧，總比困坐愁城自怨自嘆來得好，有人說不問蒼生、問鬼神，這類話不必介意，批評畢竟較為容易，不是當事人，怎能體會箇中辛酸。

任何正規宗教，都有一股平息心靈的力量，人在煩惱中最需要的就是平靜，只有在平靜中才能看清自己，才能自我反省，為何求神問卦不是迷信，其實老祖宗的智慧非常科學，從統計中整合的機率，對現況及未來，不論吉凶，多少都有安撫及啟發的作用。因凶者，代表阻止、警告；吉者，有安慰及鼓勵，兩者都具有啟發的意味。

人在平靜中，才能分辨及接受先人的智慧，啟發自己的潛能，無論接受指引或自我摸索，或接受貴人協助，目的是突破困境，找出一條重生之路。為何知識愈豐富愈可怕，因極端自信，陷入所知障，自我堅持形成無可救藥的固執，對所有挫敗原因，要追根究底，結果不是怪罪他人，就是自怨自艾，一旦思維陷入混亂，就沒有反省的能力，不論是報復或自殘，對解決問題毫無意議，不但會重複錯誤，將自己陷入泥沼，無力自拔，甚至相互毀滅。

因此智慧會帶人跳脫原有的思維，原有認知，原有行為模式，甚至原有習慣，才能看清現處環境及原來自己真正面貌，人不認清自己，一切改變將不可能。人之會失敗，無論是自己失足，或他人陷害，會突然發覺，原來任何事都會有不同的面相，與自己原來的認知不同，在心浮氣躁之際，會否定原先的自我，陷入茫然，也會否定對人的看法，陷入偏激，進而躁鬱難以自拔。其實這種對自己的怨，對別人的恨，都是不必要的，現實生活中，除非出世隱居，人與人間必然要互動，不管是好是壞，絕對是因緣具足才會發生，就算禍從天降，也必有遠因。如家中突然遭汽車衝入，絕非偶然，不是家在路衝，就是位置不適當，亦未做適當防護，所有意外事出必有因。因此智慧絕不是聰明，聰

智慧如一盞明燈，
只會照亮黑暗，
如果只靠聰明去算計，
嘗試去解決問題，
有時無法排除人與人對
同一問題認知的差距

明會被聰明誤，智慧如一盞明燈，只會照亮黑暗，如果只靠聰明去算計，嘗試去解決問題，有時無法排除人與人對同一問題認知的差距。

相互之間的誤解，不能比技巧比聰明，要以耐心誠意去化解，甚至以包容讓步的心境，這都不是大學問，而是一些待人處事的根本原則，應對進退之間的智慧，才能開啟重生之門。

智慧有了三個境界，經親自所見所聞而得到的啟悟，或所見所聞慎思明辨的能力，及經啟悟及慎思明辨所得的悟境，因各人造化，悟的境界有深有淺，因此各人的智慧也有高有低，智慧高者不但自我修為也能啟發他人，智慧低者至少可以引導自己不致陷入迷惘。而得到智慧，對人生多少有了領悟，可以擺脫煩惱，煩惱愈少智慧愈高；智慧愈高，領悟愈多，煩惱自然就消除了，這是互為因果的良性循環。

因此人生遭逢挫敗，首先不能怨天尤人，不怨不恨，才能平靜心情反省自己，才能看出事實真相，找出原因，如果不能將原因了然於胸，不能做出正確的分析，會做出錯誤的判斷，進而做出愚蠢的行為，不但無法解決問題，反而將問題偏離主軸，難以收拾，現實社會中充滿了算計，對過度自信者或一廂情願者，處處都是陷阱，人性又無法擺脫貪婪的誘惑，在利字當頭，任何事都可能發生，如對人性看不透，只是堅持己見，固守原則，不知應變，很可能造成一場災難。

這也是學識愈高知識愈豐富所形成的知識障，會將自己的思想及行為模式形成一固定的軌跡，只追求與軌跡相同的目標及理想，對相左的意見是聽而不聞的，對不同的情況是視而不見的，只看他想看的，只聽他想聽的，任何是非都是主觀自我認定，一旦衝突毫無妥協空間，因此在這複雜的現實社會中，不能不跳脫泥沼，在高處看清事實，不能有絲毫妄想的空間，因期待完全不符邏輯，只有站在主動及主控的角度及位置，才能主導事情的演變及發展，一旦被動，只有乞求施捨，甚至任人宰割，能掌控主動當然是一種智慧，但淪為被動也要找回智慧，才能應付現況的改變。因此挫敗中要站起來，絕非從過去經驗中找出解決的方法，而是要從挫敗中找出真正的原因，從反省及懺悔中領悟自己的過失，取代對人事物的怨恨，任何怨恨都是對自己殘酷的折磨，間接成就了對手，是愚不可及的行為，沒怨就沒恨，沒恨就沒煩惱，沒煩惱才能領悟人生的無常，才能得到智慧。有了智慧對問題就能看的更透徹，自然就能找出途徑走出迷惘，找出方法解決問題。

一旦有了智慧，整個思維會走出封閉，當海闊天空，自然就會吸納及溶合周遭的能量，包括人際關係才不致孤獨，也能集思廣益，形成一股力量，有信心及方法面對任何困難。

第二十章　資訊/雜訊

兩軍對壘，大到戰爭，小到比賽，國家治理，公司經營，任何活動，資訊掌握，絕對是成敗關鍵。資訊是一項工具，也是一種武器，運用之妙，存乎一心，沒有資訊如同攻守之際，又瞎又聾手無寸鐵。沒有資訊任何決策都如同在玩樂透，只能靠運氣，如同自身置於五里霧中盲目摸索。資訊最淺顯的例子就是情報，國與國之間，公司與公司之間，組織與組織之間，甚至個人與個人之間，平常如不建立體系，不深植觀念，一旦衝突或相互競爭，難以掌握先機，勝負成敗其實早就分曉，這涉及個人、組織、公司甚至整個國家，這種觀念，不能與待人處世光明磊落混為一談，成則造福眾生，敗則形成禍害，與個人修為無關，出世另當別論，入世就得依聖賢才智平庸愚劣各盡本份。不可能生存在虛幻假像之中。要克服殘酷現實的考驗，才有能力建立和諧溫馨的氛圍。個人修練、組織活動、公司經營，團隊治理，亦復如是，情報有些人認知，是一項爾虞我詐的活動。感謝科技的進步，有了更廣泛更具知性的名詞稱為資訊，它成了生活中不可缺的一部份，情報的掌控更便捷更方便，不再排斥，但也遇到麻煩，這些傳遞迅速的資料，哪些是正確的，哪些是錯誤的，哪些是有助益的，哪些是垃圾，哪些是正面的，哪些是負面的，哪些是健康的，哪些是病態的，哪些是階梯，哪些是陷阱，如不能分辨，反而身受其害，資訊能徹底掌握，是決策最佳工具，也是制亂最好的武器，同時要體認競爭對手也一樣，做

在資訊爆炸時代，
絕不能成為最後才知道的人

這種活動及策略不能輕視。

可是在現實生活中，由於社教的薰陶，非禮勿視，非禮勿聽，不知不覺中，將自己封閉一個自我的圈套內，斷絕一切應有的信息，往往成了最後一個知道的人，如同愚痴。也有自我認知要傾聽一切聲音，但不設防，對任何訊息照單全收。如能過濾還好，否則先入為主，善惡禍福均可能成了預設立場，一般人影響有限，掌權者或身為領導者，耳根軟，還有機會調整，如成了阿斗變成被利用的工具，多少悲劇，多少災難就這樣形成了。

雖然成也資訊，敗也資訊，但總比自我封閉要好，尤其在資訊爆炸時代，絕不能成為最後才知道的人，並非人心險惡，而是自我封閉形同植物人，對周遭的變化，如同不聞不問，因無資訊無從判斷，接近身邊人的意圖，也無從拿捏，訊息的收放，在對應對進退之間，不知不覺亂了方寸，一個成功之人，絕對有一個以上的管道，平常就視察身邊人的行為，那怕是親朋好友甚至血親骨肉，他們的社交以及他們的生活圈，以防他們耳濡目染或身不由己所產生的負面影響。愈靠近身邊的人所產生的問題愈難防患，也愈難解決，甚至會影響全盤佈局，成了成敗的關鍵因素，為什麼要一個以上的管道，不能只有單一信息，因在不同角度視察，有不同的面相，也有不同的聲音，交叉比對才能瞭解真相，否則那些屬於資訊，那些只是雜訊，無從過濾。

尤其周邊的親友或親信，會形成位高權重的障礙，對資訊傳遞會產生修飾及扭曲現象，這種失真的資訊會形成片面之詞，如依此做判斷或決策，會產生極大的落差，多少錯誤的決定就因此發生。

另一現象會出現在分層負責的組織架構中，因授權即會因人而異，隨著個人的性格差異，會形成不同的權利慾，呼朋結黨形成封閉的小圈圈，在這圈圈內生死以共，其產生的革命交情高於一切，超過對組織的忠誠，甚至超過其對家庭的承諾，因非我類即異類的氛圍，必須相互保護相互依持，有福共享，有難同當，而且同仇敵愾，即使有錯，也得同流合污，沒有自我判斷的空間形成身不由己的苦衷，自然對資訊傳遞成了絕緣體，即使有資訊也是經過調整及選擇，得不到具體真相。

一個貧窮的國家，一個鬆散的組織，一個失敗的公司，絕對是資訊不明的社會，謠言滿天飛，每個人把自由心證發揮到極致，在缺乏體系及制度的架構，全靠個人的意識，人與人之間的差異造成摩擦，產生嚴重內耗，大部份資訊均在處理人與人之間的問題，人原本是組織最大的資源卻成了最大的負擔，每個人的能力相互抵銷，整個運作形同空轉，所有的個人才智全投入鉤心鬥角，產生結果是領導者搖擺不定，跟隨者無所適從，成了沒有明天的世界。

因此一個強盛的國家，一個健全的組織，一個成功的公司，對資訊的掌控，絕對有周密嚴謹的程序及辦法，對資訊的真實性及可靠度，有一套判別及過濾的方法，當關鍵時刻，要做決策之際，資訊的真偽，是成敗的因素。

第二十一章 跨越困境的能力/灰色角落生存原則

人在失意時，一切不如意夾雜而來，如同歹戲拖棚，這一切表面上看來好像巧合，但根本上都屬必然，因原本就存在，只是未爆發而已，一旦體質脆弱，如同受創的動物，本來就成了肉食者覬覦的對象，有意者豈止兀鷹而已，當危機四伏，不能只想僥倖脫身，面臨困境，一定要學些方法去面對，這些方法，面對挫敗者而言者是人生經驗中，未曾歷練或未曾接觸的部分，最典型的例子，就是要學習如何在灰色角落生存，而灰色角落是一般人要避免陷入的領域，因灰色角落的生態及環境與常人的理解不同，價值觀有非常大的差距，如還以原有的觀念及習性，將無法存活。

在灰色角落多半屬反向思考，不同的價值觀影響思考模式，這裡分不出黑白，也看不清本來面貌，每個人心知肚明，你在別人面前也是模糊不清，不再是清新的面目，灰濛濛一片，只要能夠存活，其他一概不重要。

既然分不出黑白，你面對的對象，也不能用原來的印象去解讀對方的意圖，也不能用世俗的眼光去分辨善惡，更不必費神去判斷是非，因這都是枉然的，一旦淪落至此，不必提原因，更無所謂冤屈，只要能找到共同解決問題的途徑，何必去探討相互的目的。這是一般人難以接受的事實，一定要壓抑悶氣去適應，如自閉就染上憂鬱，如沉不住氣就成了躁鬱，如想不開就走上絕路了。最明顯例子銀行信用，在正常生態環境下，是你的資產，禮遇優惠是你的

平靜下來，自我反思，
不必太悲觀

權利，一旦陷入灰色角落，不分原因，所有信用一夕成了負債，授信愈好，負債就愈大，相互之間無所謂道義或交情，原先互動成了被害及加害的關係，一切協定都成了相互毀滅的工具，所有保證責任，無條件必須承擔，這是生態，這是現實，銀行有銀行風險管控程序，並非慈善救援機構，你陷入一片愁雲慘霧，正顯示你可能力衰氣竭，銀行必須做停損及追討的措施，這種立場不同所產生的認知差距，不是以雨天收傘就能形容，除非你能振翅起飛，否則即陷入惡性循環，因此在正常狀況所有交往對象，在灰色角落都成了寃親債主，誰欠誰？真真假假、虛虛實實，用一般思維去溝通、去化解，愈弄愈複雜，因無法分辨是非，哪有善念，只有無奈，彼此難以諒解，因此必須用「忍」去找出生路，才有機會解決問題。因在灰色角落，銀行不再是原來面相，甚至往來客戶及廠商都不再是你原來熟悉的面孔，一切變化儘管無法接受，但必須適應，因在灰色角落，眼前一片灰茫，進也不是，退也不是，停住腳步也不行，跌跌撞撞灰頭土臉，這是一般人絕對避免進入的地方，所有的教育及知識都是教導如何避開或掉入這個領域，因如臨深淵，如不謹慎，會是什麼結果，如履薄冰，一不小心會是什麼結果，如僅止於個人還算單純，但身負重任，絕對要九死一生奮力求生，以保百年身，才能肩負責任降低災難。

無論如何要走出灰色角落，須先學習存活的能力，當然這種能力僅適合用在灰色角落，如無法存活，一切淪為空談，在灰色角落，會有幾種心境所產生的行為，這些行為不必費神解釋，一般人對灰色角落的人會以同樣的眼光去衡量，因此只能以實際行動去表達，畢竟成敗是以結果論。

灰色角落有幾種人：

一種人遇到挫敗，選擇逃避，問題永遠擱在那裡。

一種人若無其事，不知已肇了大禍。

一種人惶惶終日，如大難臨頭，不知所措。

一種人完全不能接受，怨天尤人，心中充滿了怨恨。

一種人自怨自艾，喪失自信，如同行屍走肉。

一種人封閉自己，輕視生命，走上絕路。

一種人放低身段，面對殘酷現實，學習適應，找尋可能重生機會。

因此人在挫敗中，才會真正流露自己的性格，此刻只有平靜下來，自我反思，絕不能逃避，不必太悲觀，但也不能自我麻醉式的樂觀，體認自己所處行事的特質，沉穩下來，不計毀譽，接受殘酷現實，留得百年之身，才是明智之舉，找出挫敗真正原因，嘗試改變自己，面對既成事實，承擔全部責任，才能取得諒解，爭取任何可能重生的機會。

要重生必須在灰色角落存活下來，才能跨越困境，身處灰色角落，才真正體認現實及人性多樣性及複雜性，因人而異，因事而異，扮演人生的百態，展現社會不同的力量。

市場經濟民主社會假民意產生的新貴，令人稱羨，但在灰色角落看到的也是灰頭土臉，一點也不風光，難怪有人說要害一個人，就慫恿他去選舉，選輸了人情債務難以承受，悔不當初收攤還好，如心有不甘，形同賭徒一心想翻本，愈翻愈慘，自己想下轎，抬轎的不肯，形同掉進土石流，選舉動員花費不貲，個人或家族財力雄厚還好，如依靠財團幕後支持，選上了必須成為代言人，台詞照劇本唸，管它是非黑白，人前人後滿腹苦水。

選舉如染色坊，白的染黑容易，黑的要漂白難，只能黑底塗白，一旦染成紅黃藍綠色，還要與周圍環境顏色搭配，由不得自己，每日行事如化妝舞會，只有自己知道是誰。

要成為新貴，必須有資源，有奶就是娘，逐草而居，成了遊牧民族，那顧得了原則，民意如流水，只要順應，獲得支持，贏了就代表正義，笑罵由人，不必在意。

一旦成為新貴，創業難，守成更難，必須信守承諾，服務選民，鞏固民意基礎，否則沒有明天，同時還要創造機會累積糧草，以備下次選舉之需，工作繁雜，無奇不有，必須由助理代勞，服務面廣，除了專業助理，還要有一群外圍助理，這些助理如同個體戶，自謀生路，盈虧自理，如同靠行的項目經理，靠山吃山，靠海吃海，一切假依為民服務而行，依約上繳一定的收入，各取所需，名義上他是助理，實際上你的招牌成了他的謀利的工具，一旦出事還有牽連的風險。

人生挫敗如有冤屈，想找他們「為民喉舌」，必須站在他們立場是否符合雙方利益，不能有不切實際的企求，萬一利益衝突，要有比例原則，如相對一方勢力龐大或財大氣粗，他們會評估利害得失，往往會勸你以忍以和為貴，令你知難而退。

在困境中看到所謂人民公僕的公務員赤裸而真實，一類公務人員屬於解決問題型，情理法兼顧，無欲責剛，勇於任事。

以交通建設南部某號誌工程為例，一旦承攬公司財務出問題，銀行抽銀根，喪失信用工具，協力下包缺乏信任，推動困難，依進度未計價工程款，追加工程未領貨款，加上物價調整補助款，形同巨大差額，引來不同型態兀鷹，如順應情勢，終止合約，重新發包，接手者獲利豐厚，而原承攬團隊哀鴻遍野，依情了解實況，依理維護公平，依法推動監督付款機制，使工程平順推動，讓主辦單位、合約廠商、協力下包、銀行四贏，問題解決不張揚不居功，因深知斷了眾多兀鷹的財路，已成了眼中釘，此類公務人員，玉骨冰心，是社會光明面及安定的正面力量。

另一類公務員屬不沾鍋型，在意個人清譽，獨善其身，依法保護自己，棄情理不顧，以中部某科學園區環保工程為例，當相同問題產生龐大利益，兀鷹以包裝方式並假借公權力介入，因不沾鍋就無法了解真正實況，也無意維護公平，既不依法解決問題，也不擋人財路，棘手問題，主管向下交辦，承辦再向上報告，開會討論集體決策，各單位依專業立場保護自己，不食人間煙火，問題懸而不決，愈弄愈複雜，反而成了兀鷹的幫手，看來表面清白，其實比兀鷹還可惡！

還有一類公務人員屬混水摸魚型，平常明哲保身，隨波逐流，但深悉水清無魚的奧秘，往往一件簡單問題，到他手上就會變得非常複雜，自設情理法遊戲規則，這些人往往站在關鍵位置，只要弄清門路，一路順暢，一旦利益產生，兀鷹出現，自自然然就加入行列，手上又有公權力及行政工具，如虎添翼，為所欲為，但受害者依法控訴，當司法主持正義，就為法所不容了，在困境中忽然發現，目前雖非十全十美的司法制度，為尋求的公平正義路途上，卻是指導生路的一盞明燈。

第二十二章　浴火重生/浴火焚身

浴火重生不是口號，它是強烈求生意識，儘管九死一生也要痛苦掙扎，它是一種決心，一種毅力，一種意志，一種承諾。人生遭逢重大挫敗，如同橫遭巨變，風雲變色，面對排山倒海的局面，不知所措，所造成的災難也不知如何善後，所有異樣的眼神，不知如何適應，所有的指責，不知如何辯解，對所有不理性的手段，也不知如何排除，對所有無情的打擊，不知如何應對，自己生活步調大亂，一夕間所有雄心、自信消失無形，整個人如洩氣的皮球，癱瘓在地，自我存在的價值全盤否定，覺得毫無生存的意義，搥胸頓足悔恨不已，整個人生如臨命終時神識昏昧，生命脆弱不堪，因此許多人撐不過去，要不是選擇躲避就是想不開，珍貴的生命，變得毫無價值。這絕不是解決問題的辦法，要解決問題，首先就要面對問題，浴火重生當然要接受無比殘酷的考驗，過程也痛苦不堪，要有無比堅韌的意志，否則無法忍受，無法渡過，即灰飛煙滅。

重生與焚身最大不同，焚身如同玩火自焚，當遭遇挫敗，一定要有反省能力，絕不能只求自保，推託卸責，甚至嫁禍於人，也不能起私心趁機剝取利益，玩法弄法執迷不悟，更不能在重生過程中，以斷尾求生方式，企圖撇清關係，反而會弄巧成拙。人在此過程因毫無自信，毫無經驗，必會去請教過來人或曾經代為處理類似案件之專業人士，但每一個產業都不一樣，不一定能全盤模仿，因此多少還要有一點主見，否則人云亦云，形同走肉，他人的建議，雖

重生與焚身最大不同，
焚身如同玩火自焚，
當遭遇挫敗，
一定要有反省能力

不能照本宣科，但多少有參考的價值，千萬不要當面否定。任何建議都銘記在心，再依實際情況自我調整，面對責任，就必須以輕重緩急，去衡量優先順序，而不是做選擇性的處理。以債務為例，如同災後重建，以受創輕重及能承受的程度，為考量基礎，絕不能對壓力低頭，一旦誠意遭受質疑，問題會變得更複雜，重生的歷練，堅韌的意志，絕大部分來自承諾，這種力量，不但支撐著自己，勇往向前，同時也給牽連者諒解，並也成了他們願意協助的意願。沒有承諾如同以拖待變，自己摸不清方向，更容易讓他人猜忌，形成誤判情勢，相互毀滅，不得不慎。

浴火焚身則不然，大部分都是心存不軌，不是事先策劃，就是事後脫責，動機不良，要取得諒解將不可能，一旦東窗事發無藥可救，事後脫責與事前不軌毫無分別，因災難受損者，除了憤怒外，只期待有個合理的解釋及解決，一旦落空，轉成怨恨，人在怨恨中，會失去理智，任何失控的行為都可能發生，玉石俱焚何來重生，因此浴火重生或焚身，除了本身要有正念外，也要注意別人的感受，如何將局勢扭轉成良性的互動，首先本身就要拋棄所有的恨意，人一旦含恨，所有思考及視線會模糊不清。同樣互動者如有恨意，也難以收拾，這不是宗教家所提的寬恕而是處理事情根本的方法。

重生如同受創的傷者，脆弱不堪，除了要忍受過程外，更要有足夠的時間及空間，不但要躲避兀鷹的侵襲，也要迴避競爭者乘機收割，要逃過猖獗的盜獵者，也要防止蟑螂搜刮。雖然現實殘酷，但這個世界正面及善良的力量，總比負面及邪惡的力量大，只要坦誠面對，天無絕人之路，自然會產生一股力量。

浴火重生也是一種願景，這不但是給自己的一股力量，也是能再聚集生機的必要方法，包含如何剷除以往的積弊，形成免疫的抗體，重建坍塌基盤，找尋暫時失去的資源，重整生存空間，將所有目標訂一時刻表，在險峻環境中不卑不亢，一步步推動，這也是承諾的一環。因此承諾不僅僅是解決當前的問題，還涵蓋問題逐步解決後，所有未來應投入的努力，如同重建狂風暴雨吹跨的房舍，要建得更堅固更舒適，則狂風暴雨雖帶來災害，同時也帶給你更紮實力量及周遭更豐富的生命，甘心受此磨練，只會感恩不會懷恨，面對未來，更添加信心，更具智慧。當體會人生無常後，待人處事會更穩重更成熟，對生命會更珍惜，對他人會更慈悲，對事理觀察更透徹，諸事會更圓滿。

一旦挫敗，如僅僅關係個人，影響不大，但一旦牽連整個組織，往往形成龐大社會成本，影響深遠，如不毅然擔負責任，解決問題，則後果堪慮，甚至不堪設想，因此絕不能便宜行事，大事化小，小事化了，因能否接受，並非自我決定，而是影響之受害者能否接受。

要擔負責任解決問題，必須忍受煎熬，赴湯蹈火在所不辭，但方法及方向必須正確，否則壯志未籌身先死，一切枉然。

以過火為例，首先要以堅強意志排除恐懼，才能產生勇氣，還要有正確的方法及程序，才能與火共生共存，一旦決定就不能猶豫、驚恐、半途而廢，也不能程序錯誤，並且動作迅速才能安全通過，健全的心理，所產生的自信，成了主宰，要浴火重生，必須堅守此原則，任何錯誤的念頭即成了浴火焚身了。

第二十三章　性格修正/自我調整

性格形成因素，有先天也有後天原因，成為個人特質，要改變非常困難，必須依周遭環境的改變、社會變遷及個人身份地位不同而修正。一個成功者在

創業與成長過程的性格特質，在成功後必須修正，才能維護基業及持續成長。諸如在創業階段，必須抓住社會脈動，高瞻遠矚，運用一切手段及策略，甚至游走法律邊緣，精狠準快速累積資源。當達到一定規模，就必須體會已成為社會公器，認清給與得的道理，取之社會用之社會，修正自我性格，回饋社會成了典範，才能受人景仰，這也是許多接班者及企業家第二代，只學會前人在創業及成長的風格，而沒學會成功後的風範。頂著同樣的招牌，行事作風為達目的不擇手段，巧取豪奪，甚至做出為社會所不容的違法之事。

一個失敗者更應體會及反省性格與成敗的關係，要改變根深蒂固、不動如山的性格，如同已燒製成型的陶土，已冷卻成型的鐵件，雖然無法再拉坯，不能再鍛打，只要不堅持原有思維，必能修改找出物盡其用的價值，這也是天生我材必有用的道理，不能對自我完全失望放棄，這種心境產生會完全自我否定，無論想依樣畫葫蘆去模仿他人或改變自我成為變形蟲，不但達不到目的，反而徹底自我毀滅！

因此絕對要保留原有的純真，自我誘導修正缺陷，找出真正的價值，必先嘗試重新瞭解自己，將失敗的原因，平心靜氣客觀剖析，依成敗的性格表列問

一個失敗者
更應體會及反省
性格與成敗的關係，
要改變根深蒂固、
不動如山的性格．．．

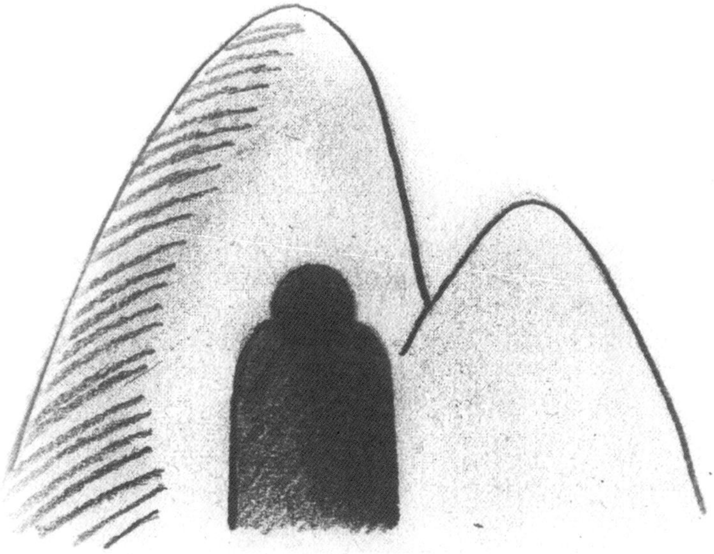

題關鍵，才能痛定思痛，自我修正，重新找適應的生存空間及環境。

人生挫敗後，會實際體會物競天擇的觀點，在激烈競爭的現實環境裡「愛拼才會贏」的拼有不同的意義，要拼必須認清觀點，要拼的對象、事情、時刻、環境、方法及手邊的工具都要衡量好。尤其在勢力及實力不均等的條件下，如何以柔克剛，以弱擊強，必須以技巧及智慧，僅靠勇氣則等於衝動，如逞口舌之快還好，冒然出手絕對壞事。技巧及智慧必先了解自己的性格特質，競爭所必須的精狠準基本功是否具備，評估自我的優缺點、長短處，才能找到適合的生存空間，絕不能人云亦云，趕流行、盲從甚致被打鴨上架。

修正性格不容易，但至少可以平心靜氣，以客觀立場自我衡量，如性格不喜歡謀策，行事光明磊落，則不適合爾虞我詐的環境，否則糊裡糊塗成了別人的工具，用完就丟，下場悽慘，或敵暗我明毫無防備中箭落馬，絕對不要自認精明，否則一事無成。

自認思緒清晰能高瞻遠矚，但要衡量自己的實力，包含自己的專業能力、財力及體力，要避開實力懸殊或不對等，才能與周遭環境協調。實力懸殊，共事如攀岩，當體力不支卡在半空中，哭笑不得，實力不對等，容易被邊緣化，會悔不當初。

如屬深謀遠慮型，則適合擔任幕僚或在第二線，否則放在第一線，容易優柔寡斷猶豫不決，體會性格，就不會與人做百米賽跑。自認反應不夠機敏，也避免與人玩巷戰遊戲，步調老是慢半拍，無法成事。因此精狠準性格程度，不是絕對的，而是相對的，人外有人，天外有天，要隨不同的環境，不同的身份地位，不同的角色扮演，自我調整。

如一性格隨和之人，因身份角色的變遷，必須以大局為重，與人保持距離，尤其一領導者，在競爭環境裡，如性格一如往昔，當對方玩擒賊先擒王的策略，自己就成了可欺之人，不但置自己安全不顧，也成為組織的麻煩製造者。性格善良之人，通常口不出惡言，也不輕易造口業，當受到莫名的攻擊，仍然慈悲為懷，寧可自己吃虧，也不出手防備。如從事教育或宗教工作，令人感佩，但在商場或政治界，則成了不折不扣的阿斗。

性格主觀者，因堅持主見，經常會成為領導者，但一旦成為領導者，就必須向客觀方向調整。否則任何決策，如同預設立場，參謀機制如同虛設，也聽不進任何進言，自以為是成了無可救藥的固執者。

自信性格者，通常都是學識豐富，經驗老到之士，如同鶴立雞群，亦容易成為領袖人物。為追求完美，因周邊的共事者、追隨者都不如他，任何事均依自我直覺決定，組織再龐大，儘管人才濟濟，身邊變成無可用之人，剛愎自用如同自閉症。

性格好面子者，因求好心切，自我要求較高，無論求學或做事都要領先他人，個性容易受人器重，付予權力。但一旦握有權力，就必須調整性格，要面子也要裡子，體認自己與周邊之人有優缺點，也有長短處、犯錯揭露事實，困難尋求協助不是可恥之事。如為面子掩蓋真相，當事情擴大已不可收拾地步，如同車諾比事件，已成了一場災難。

謙虛性格者，應對進退有據，受人尊重，適合擔任幕僚，但不幸成了領袖，就必須向當仁不讓調整。否則在爭先恐後，十倍速時代，當時機到來，不當機立斷該出手就出手，就如同事先放棄，個人事小，斷送整個組織的生機，成了罪不可赦的禍首。

正直個性者，做事光明磊落，行事風格正直不阿，做事令人放心，受人器重。但行事風格喜歡透明，在競爭環境裡，對手如留有一手，反而成了可欺性，如同將自己放置在燈光明亮的櫥櫃內，自己一舉一動都在別人眼裡，令親者痛仇者快，正直成了愚蠢。

堅守信用之人，一言九鼎，令人放心，因信守承諾，容易被托付重任。但一旦身負重擔且握有權力，就必須自我調整，因「夫輕諾必寡信，多易必多難」，尤其信用是相對的，不是絕對的，如環境變遷或相對之一方不守原則，單方面信用成了不知變通，不但自己灰頭土臉，還會帶領組織不知迴避風險，掉入陷阱，萬劫不復。

具有信仰者，深信人性本善，有志者事竟成。但信仰不僅在宗教還有政治，甚至政教合一牢不可破，因此不但要站在對方立場看問題，不能堅持己見，同時還要看清現實，如大勢所趨，還勇往直前，不但成了悲劇英雄，跟隨者也一同遭殃。

容易信任人者，多半是以自己去度量他人。但人性具有多重面向，且隨環境變遷而改變，信任與監督必須並存，否則信任如同放任，能信任之人，多半性格類似或相同之人。但在多變的競爭環境中，因同質性太高，卻成了近親循環，對解決繁雜問題，缺乏不同特質及互補功能，成了單能的專用機，對自己的專業領域得心應手，卻無法應付多功能多目標的工作需要。

性格會替自己製造盲點，甚至誤導陷入迷途，自視愈高者，盲點愈多，學識愈好反而因知識障，眼界變得愈狹窄，只適合擔任幕僚、智囊或諮詢的對象，不適合擔任領導者或決策者。知識愈高理想也愈高，對特定的事情，愈有獨特的見解，會全力投入及堅持，只有同質性高的群體才能產生共鳴。接觸面侷限在特定層面，為成就個人理想及目標，行事風格與一般庶民格格不入，地位愈高，離地愈遠，能看到的面理應愈廣，因看不清楚細節，對實務不瞭解，就無法確實掌握解決問題的方法，這也是會念書的人，成就往往不如不喜歡死讀書好玩的人，甚至書讀得愈專，有時候還不如根本不讀書，只在社會上混的人。

同樣時間喜歡讀書的人覺得玩是在浪費光陰，專心放在書本上，反而在玩的人卻交到三教九流的朋友，讀書人獲得滿腹經綸，而好玩者卻得到社會資源。工商社會，誰能掌握社會資源，就有充分人際關係，就能擁有財富及地位，誰就是贏家，與「書中自有黃金屋，書中自有顏如玉」傳統思維有修正的必要。當然又會讀書又能掌握社會脈動，更令人欽佩，當今社會生態事實如此，雖不一定令人心服，不得不接受。

性格會製造麻煩，不同性格如同各人戴著不同的眼鏡，同樣一件事，會看成不同的顏色，有些人看得清清楚楚，有些人卻看得模模糊糊。社會上，富與貧如同常態分配，都在兩端，大部份的人生活還過得去，處在貧富之間，富人當然不會體會貧窮的痛苦，貧者也難想像富人生活，貧富距離拉大會造成社會動亂，弄成差距不大的假象，社會失去奮鬥成長誘因，也成了一灘死水。要生態平衡，找不出誰都滿意的答案，因此不同性格在不同位置所看到的社會面相，可能是事實，也可能是暫時假象，如果把自己看的當作真理，要去扭轉別人的看法，是在製造麻煩。你看清楚之事，別人未必看得清楚，你看不清楚之事，別人卻身在其中，怎麼會不清楚，只能深入體驗，潛移默化的幫助才能有些功效，其實各有不同的因緣、遭遇，如以自己所見所聞的面相去做武斷的認定，可能成了業障。

于右任老先生生前留著長長鬍鬚，就有人好奇問于老：「你睡覺的時候，鬍鬚是放在被子外，還是裡面？」，于老想了一下：「我倒沒注意這件事，這樣好了，今晚睡覺時弄清楚，明天再告訴你」，當天晚上，怎麼放都不舒服，弄來弄去折騰一晚。有時候天下本無事，庸人自擾之，熱心過度可能會無事生非，現實生態是弔詭的，無論昨是今非或昨非今是，總是難以解釋，是隨時空在轉動的，任何堅持可能會與現實脫節，變得毫無意義。

第二十四章　生涯轉換/歸零/改變

在那裡跌倒，在那爬起來，但要認清不能在原地再跌倒，必須找一安全之地喘息，才能養足精神再出發。

跌倒要找出原因，才不會一錯再錯，終致倒地不起，最簡單的方法就是不要待在原地，以免重複錯誤。另尋一片天，才有調養的機會。

失敗絕對有失敗的原因，可能一時大意，可能一時疏忽，也可能長期潛伏，一時突發，你可能堅持自己的理想，而忽略了股東及員工的權益，你可能堅守原則，而不了解支持者的期待，你可能堅持一路走來始終如一，卻不了解一路走來時空在變，情境在變，只有你卻沒變，已經與周遭環境格格不入，已形同異類而不自知。

除非安於現實，一般人總有理想，人往高處爬，水往低處流是常態，但人每爬到一個高度，就必須調整自己的適應能力，才能克服及適應周遭改變的環境。

水往低處流，從小溪到小河，到大河，到江海，心隨境轉，哪能不變。

人在順境時平步青雲，逆境時禍不單行，再強的毅力，此刻也脆弱不堪，有如風中殘燭，面對蜂擁而來的質疑及責難，百口莫辯，如果還堅持原來性格及作風，必定招來更大的非議。失敗與成功，有時交替而行，失敗的教訓，代價昂貴，卻是成功最好的基石，如不能善用，則一敗塗地，只能宣告結束，無法運用失敗的代價，生涯必須做個調整及轉換，才能從反省中頓悟失敗真正的

跌倒要找出原因，
才不會一錯再錯

原因。自我修正重啟開端，如僅怨天尤人而不自知，形同不信邪，一錯再錯，終不可收拾。

生涯轉換是自我調整及修練的過程，從檢視中了解自己的缺陷，迴避這些缺陷，除非一無可取，找出自己的長處及可運用的資源。為何生涯轉換如此迫切及重要，失敗最重要關鍵之一，是不了解自己有可怕的盲點，能力愈強，自信愈高，盲點更大，會落入慣性思考漩渦而不自知，一有盲點會顯得無知，會以單純的經驗原則及表面現象去解決複雜的問題，外人看來如同幼稚，甚至不負責任，自己不但不會省察，甚至自我感覺良好，反而努力為自己的行為辯解。

因此生涯轉換，必須歸零，歸零不是回到原點，而是一種頓悟，一種心境，才能打破慣性思考，才能重新出發，挫敗原因往往因為執著，失敗後往往會更執著，必須將一切放空，才能作新的安排，因此要頓悟，原擁有及存在的一切，皆由於因緣聚散而生滅，究竟沒有實體，必須將心靈放空，才能容物，才會放下執著。

這一點要做到很不容易，遺失一物就夠令人懊惱，一旦挫敗，原擁有的一切，一夕間灰飛湮滅，簡直令人無法接受，甚至令人發狂，想要挽回，卻無可奈何，內心五味紛雜，煩亂不堪，唯有頓悟，才能將心境寧靜，不混濁才能智慧聚足，找到新的方向，才能生涯轉換。

天生我材必有用，但擺錯位置，弄錯方向，不但自己苦悶，也影響他人，甚至導致挫敗，因此生涯轉換是將自我性格與現實接軌，這是另一種自我改變，以避免陷入自我矛盾的苦海。歸零後才能「改變」，人生旅途唯一不變的就是「改變」，如不能改變，即不能走出自我，待在原點一步也沒向前走，改變的力量有多大，完全由你的理想與目標決定，目標遠大則必須連夜兼程趕路，不可以仍待在原點，否則與做夢何異。

儘管在成功巔峰也要改變，才能創新進入另一個高峰，一個組織改造，公司轉型都要靠「改變」的力量，否則等於空談。尤其遭到挫敗，不能再走回頭路，「改變」會令人放下身段，重新思考未來要走的路，手上還有那些資源，重新規劃未來。在事業巔峰改變的力量可以攀上另一個高峰，但從巔峰跌落谷底，就必須適應谷底的生態，甚至要融入生活，才能找到另一條攀登的路。

有則日本笑話，除夕夜，大阪橋下，有位經商失敗淪為乞丐與妻兒依偎縮成一團避寒，橋上商人為年終收帳，半夜三更穿梭不停，腳步聲吵得不得了，兒子問父親，他們為什麼那麼辛苦，半夜還不睡，乞丐說道：「兒子啊！你現在才知道，你有多幸福……。」，這些商人可能收不到帳，周轉不靈，而橋下乞丐也可能有一天因貴人相助重新站起來，有人認為叫花子跳舞，苦中作樂，不是一件真正快樂的事，這是主觀意識作祟，誰知道那一天會主客易位。能順應改變或能改變自己，則能在任何環境及空間生存，才能面對失敗的衝擊，因失敗如同腐朽令人討厭，但能將腐朽當成有機肥，就能栽培出艷麗芬芳的花朵，因此「改變」能打破慣性思考，能應付現在也能重新再出發。

第二十五章　反省/懺悔

無論站在什麼位置，必須不斷為成功找方法，而不能為失敗找理由。成功絕對有成功的條件，失敗也絕對有失敗的因素，羅馬非一日造成，冰凍三尺

也非一日之寒，觀察得意之人必有令人稱羨之處，可憐之人也必有可恨之處，因此人在成功之際，要兢兢業業如履薄冰，絕不能驕傲自滿，否則任何疏失，都令成功與失敗在一線之間、在一念之間、在一瞬之間，挫敗後難以承受，刻骨銘心之痛，才體會代價慘重遠超出自己能力範圍，造成個人、家庭、朋友、同事的困擾，也形成社會成本，為何談失敗與成功，絕非失敗為成功之母，而是在平時就要思考失敗時自我檢視，留意關鍵因素，性格決定一切，要了解自我性格的罩門，也要洞察他人的性格，人性有多重、多種性格，當面對問題時有不同的面相，人生最困難的事就是抉擇，是福是禍就在一念之間，性格絕對是定奪的因素，一定要有自知之明。無論從事哪種行業，在自我生涯規劃中，要深切反省，決定何去何從，某些性格，絕對不適合目前從事的工作，一定要做調整及改變，因各人目前所處境遇不同，這是件非常難取捨的事，如不能了解，事後再懊悔也於事無補，要怨天尤人還不如先瞭解失敗，才會避免失敗的代價，絕不要印證經驗是苦難的結晶。

每一個人都有一片天，都有自己的潛能，不必湊熱鬧、趕流行，許多叱吒風雲者，一閃失就一蹶不振，替代者崛起，回顧多年來的變遷，都屬事在人為，每個人都有理念，或多或少有些遠見，但成就不同，問題是否能抓到社會脈動，這些不能歸諸運氣，而是你所處位置，別人沒做或做不到的事，才是自己的機會，別人不去或看不到的地方，才是自己最佳生存空間，跟著別人的腳步或站在別人陰影下，如同注定一生的結局，以往跟著模仿，跟著做一定不會錯，如今跟隨者永遠只能跟隨，很難超越，甚至等同停滯，失敗隨時等著你。

尤其在十倍速時代，領先者才有充分的空間，往前加速衝刺，跟隨者不但有前面的阻礙要突破，還要克服旁邊競爭者相互擠壓，事倍功半，陷入苦境，一個不留意，就被迫提前出局。

因此任何事都不能眼高手低，一定要有自知之明，什麼地方才是自己生存的空間，不能不自量力或太過依賴外力，去從事遠超過自己能力的競爭行為。因精明能幹，絕不是去算計別人，而是衡量自己的條件，在什麼狀況下，才能避免失敗，把握成功的機會。讀書可以學到許多成功的方法，也可累積許多知識，這些社會科學的理論都是實務，但如何應用在實際生活上，必須融入化做自己生活的體驗，將別人的經驗成為自己未來走向的導覽，簡單方法不是學習或嘗試模仿別人如何成功，因你不能有同樣機運，相同的歷練及相同的性格，甚至只有少數父子、兄弟才能傳承，大部份都要靠自己避開失敗，開創新局，因成功理論及傳記，如同名家作品只能欣賞，讚嘆共享人類難得遺產，如果只想模仿而忽略了原有意境，不但意義不大，相對價值也偏低，如能體會成功者，如何克服失敗，如何避免失敗，如何從挫敗中重新站起來，如何從失敗中絕處逢生找到生機，才能從實際中找到真正自我，這些求生的技巧及毅力，才能讓自己在激烈的環境中存活，唯有能延續個人及組織的生命，才有機會達到成功的目的，模仿只能學習表面功夫，效法才能加持自己，而對可能的挫折，接受考驗，盡一切力量克服。

如何面對可能的挫折，才能避免失敗，平時就必須對自己及組織，做健康檢查，將潛在問題挖掘出來，果決處理，絕不能因循苟且，不予重視。因組織在正常時如同一個健康的人，有足夠免疫力，潛伏病痛，只是暫時不發而已，當體質衰弱或受外力衝擊，形成併發症，比原問題更棘手，因體質衰弱，外界病毒乘隙侵入，裡應外合，更窮於應付，親痛仇快，許多風評不錯的個人及組織，一旦挫敗或犯錯，重新檢驗，原因一籮筐，竟然一無是處，不但內部自責，外部也很難獲得諒解。

人生得意時，意氣風發不可一世，但一旦遭到創痛才恍然大悟，自己得意忘形，只不過是人生舞台上的小丑，取悅別人卻忘了自己，照照境子，不堪回首，只有少數人，別具慧根，會三省吾身穩住腳步避免跌倒，一般凡夫俗子，只有在跌倒後找理由怨天尤人，好一點的會自怨自嘆尋求協助，也有人會反省懺悔，重新爬起來，告訴他人自己痛苦的經歷，或做個標誌警告他人，也算一樁善事。

人在挫折或不如意時，會尋求心靈的慰藉，宗教是最好的歸宿，在智慧如海的經典中，在相互扶持中，獲得平靜。

但任何宗教都是鼓勵人避開失敗，邁向成功，即止惡行善，如不能止惡，善即假善，偽善或非善，不能遇到挫折、苦難，才嘗試去追求解脫，應在平時即具有信仰，不但自己平靜，也能幫助他人，因心靈平靜，時時反省即能觀照自己及周邊的真相，不致墜入世俗陷阱，個人陷入為愚，連累無辜即為惡，在位者不得不慎。

商業管理 2

失敗與成功—**心理失敗學**

作　　者：李蜀濤
美　　編：諶家玲
封面設計：諶家玲
執行編輯：高雅婷
出 版 者：博客思出版事業網
發　　行：博客思出版事業網
地　　址：臺北市中正區重慶南路1段121號8樓14
電　　話：(02)2331-1675或(02)2331-1691
傳　　真：(02)2382-6225
E—MAIL：books5w@gmail.com
網路書店：http://bookstv.com.tw/
http://store.pchome.com.tw/yesbooks/
博客來網路書店、博客思網路書店、
華文網路書店、三民書局
總 經 銷：成信文化事業股份有限公司
劃撥戶名：蘭臺出版社　帳號：18995335
香港代理：香港聯合零售有限公司
地　　址：香港新界大蒲汀麗路36號中華商務印刷大樓
C&C Building, #36, Ting Lai Road, Tai Po, New Territories, HK
電　　話：(852)2150-2100　　傳真：(852)2356-0735
總 經 銷：廈門外圖集團有限公司
地　　址：廈門市湖裡區悅華路8號4樓
電　　話：86-592-2230177
傳　　真：86-592-5365089
出版日期：2015年11月 初版
定　　價：新臺幣280元整（平裝）
ISBN：978-986-5789-58-9

國家圖書館出版品預行編目資料

失敗與成功—失敗心理學 / 李蜀濤 著　--初版--
臺北市：博客思出版事業網：2015.11
ISBN：978-986-5789-58-9（平裝）

1.成功法
177.2　　104007688

商業管理 2